JN064391

人間を好きになれ。

「悔」

重松 清（作家）

かねて気になっていたことがある。

誰かが亡くなったとき、なぜ僕たちは遺族に向かって「お悔み申し上げます」という挨拶をするのだろう。

「お悔み」の、「悔」の文字が、どうにも引っかかってしまう。

試しに『広辞苑』を引いてみると、「悔み」「悔やむ」ともに、確かに二つの意味が記されている。

〈【悔み】①くやむこと。後悔。②人の死を弔うこと。また、弔うことば〉

〈【悔やむ】①後悔する。残念がる。②人の死を惜しんで弔う〉

遺族への挨拶につかうのは、もちろん、人の死を弔うほうの「悔み」である。

それはよくわかっている。

しかし、そのうえで、こんなふうにも思う。

もしも、厖大（ぼうだい）な言葉一つひとつに意味を割り振っていく「言葉の神様」がいるのなら、その神様は、ずいぶん底意地が悪く、挑発的な性格ではないか。

人が亡くなることは悲しい。たとえ天寿をまっとうした大往生であっても、幽明境（ゆうめいさかい）を異（こと）にするというのは、やはり悲しい。まして、亡くなったのがかけがえのない家族だったら、のこされた人たちの胸は、いわば純度百パーセントの悲しみで充ち満ちているに違いない。

そんな遺族にかける挨拶に、言葉の神様は、どうして「お悔み」という一語を用いることを決めたのだろう。純度百パーセントであるべき悲哀の水面に、なぜ、後悔の苦みを一滴ぽとんと垂らすようなことをしたのだろう。

挨拶された側、すなわち遺族は、頭では「悔」の二つの意味を理解していても、ほんの一瞬、つい「後悔」のほうに引き寄せられてしまうのではないか。後悔は磁力が強いのだ。なぜなら、後悔とは、そうとうにキツい精神状態——時として、悲しみよりもさらに深い傷を、心に与えてしまうものだから。

僕たちは、と安易に複数形にするのは慎んでおくが、少なくとも僕は、毎日の暮らしの中で、できるだけ後悔はしたくないと思っている。「我が人生に悔いなし」とまで大袈裟には言わなくとも、「あのとき、ああしておけばよかった／あんなことしなければよかった」と、くよくよと悔やんでしまう事態に陥ることはなるべく避けたいし、後悔とともに振り返る思い出は、少なければ少ないほどいい。

だが、現実は甘くない。どんなに万全を期したつもりでも、必ず後悔は生まれてしまう（ひどいときには、「後悔をしないように」と思ったことじたいを後悔してしまったりね）。それは僕の個人的な能力や性向に拠るものだけではないだろう。選択を間違えてしまうことは誰にだってある。自分の誤りに気づいてしまい、後悔に襲われる瞬間は、誰にだって訪れる。その後悔を背負ったまま生きていかざるをえない人は、いつの時代の、どんな街にもいる。だからこそ、古今東西の小説や映画や演劇は、繰り返し繰り返し、後悔を作品の主題にしてきたのではないか？

僕たちは皆（やはり、ここは複数形を許していただこう）、大小浅深さまざまな後悔とともに生きている。

二日酔いの朝に「なんでシメにテキーラなんて飲んじゃったんだよ、オレのバカ」と胃薬を服みながらぼやいたり、外出中に夕立に降られて「天気予報を信じて折り畳み傘を持って行けばよかった」と舌打ちしつつ地下鉄の入り口に駆け込んだり、楽しみにしていた小説が期待はずれで「やっぱりシゲマツキヨシの本にすればよかった」とため息交じりに本を閉じたり……。

そんなささやかな後悔は、日常生活のアクセントとして、意外と——たとえば仲間内の雑談で盛り上がるネタとして、役に立っているところもある。

だが、いまの暮らしを揺さぶるような大きな後悔は、やはりキツい。自分の生きてきた過去を否定してしまうような深い後悔を背負って歩きつづけるのは、どう考えたって、しんどい。

そういう種類、つまりは苦笑すらできない後悔の最たるものが、人の死にかかわるものだろう。

後悔は、取り返しのつかないものであればあるほど、大きく深くなる。人の死は、当然ながら、やり直しは利かない。「今度はもっとうまくやるから、もう一回」というわけにはいかない。そして、たいがいの場合、人の死というのは、死んでいく本人だけではなく家族もまた、その方向性を決めるにあたって大きな役割＝責任を担わされることになる。そこに本人の意志をより多く反映させるために、厚生労働省が旗を振る「人生会議」とやらもあるのだろうが（しかし、このネーミングについては異議あり。だって「人生」になったら、まだつづく＝縁起でもないから死の話はしたくない、先送りしましょう、きれいごとで終わりましょう、という発想になるんじゃないかなあ……。「死に方会議」でよくないの？せめて「人生の終わり方会議」とかさ）、とにかく、現実として、死にゆく人の家族は、「たいせつな家族が亡くなる悲しみ」だけを噛みしめればいいという存在ではなくなってしまうのだ。

誰だって、かけがえのない家族を看取るにあたって後悔はしたくない。死にゆく本人につらい思いをさせたくはないし、苦しい目にも遭わせたくない。要するに、痛くない死を迎えさせてやりたい。

しかし、選択肢は多く、情報は少なく、正解と誤りの境目は、なかなかわからない。選択を間違えてしまうことは、残念ながら、ある。そのときになによりつらいのは、たとえあとになって「そうすべきではなかったのか」と気づいても、もはやすべては終わっている、ということ。せめて本人に謝りたくても、それすら叶わないということこそが、死にゆく人の家族、すなわち遺族を苦しめるのだ。

そう考えると、遺族への弔いの挨拶に「悔」の文字が用いられることには、じつは深い意味が込められているのではないか？

遺族に寄り添う挨拶であれば、「悲しみをお察し申し上げます」や「心より哀悼の意を捧げます」「お悼み申し上げます」などもある。むしろそれらのほうが、遺族の悲しみを邪魔しないはずだ。

しかし、そういうバリエーションはあるにしても、最も人口に膾炙（かいしゃ）しているのは「お悔み申し上げます」になる。

後悔の「悔」の一文字を遺族に向かって、強い表現をするなら突きつける挨拶がスタンダードになっているのは、なぜだろう。

誰かの死には、おのずと、遺族の後悔が添えられてしまうのか。

「悔」のない永訣などありえない、ということなのか。

なんだよ、それ……。

そんなことを、もう何年も――父を亡くし、友人知己の訃報に接する機会が増えてきた五十代に入ってから、つまり六、七年にわたって、つらつら考えていた。

父は比較的穏やかに逝った、とは思う。それでも、細かいところで「こうしてやればよかった」「別のやり方があったんじゃないか」という「悔」は、まったくないわけではない。やがて訪れるはずの母の看取りのとき（可能なかぎり先送りしておきたいが）にも、おそらく、大なり小なり「悔」は残ってしまうだろう。

友人知己に対しても、生前の彼らに「もっとこうしておけばよかった」「なぜ、あのときあんなことを言ってしまったのか」「こんなに早く別れるとわかっていたら、絶対に付き合い方も違っていたのに」という「悔」は、尽きることなくある。

誰かと永遠に別れるというのは、決して解消のできない「悔」をいくつも背負わされることなのかもしれない。

だから、遺族への挨拶に「悔」を用いるように仕向けた言葉の神様は、やはり、底意地が悪い。

自分の愛する家族の死はこんなふうにありたいし、自分自身が世を去る瞬間も、こんなふうに迎えたい……というこちらの思いを見透かして、「いやいや、悔やむんだよ、どんなことをやっても絶対に悔やんでしまうんだ」と挑発するように小突いてくる。

「悔」

重松 清

言葉の神様は、イヤな奴だな。

ずっとそう思っていた。だから「お悔み申し上げます」という挨拶を目や耳にするたびにザラリとしたものが胸に残ったし、自分ではなるべくその挨拶を口にしないようにしてきた。

いまでも、イヤな奴だと思っている。好きか嫌いかで言えば、嫌いだ。

それでも、嫌いでイヤな言葉の神様の伝えたことを、僕はいま、こんなふうに解釈している。

死を思うときには、常に後悔にも思いを馳せよ――。

ラテン語の「メメント・モリ」（死を思え）に倣えば、言葉の神様は、「メメント・パエニテンティア」（後悔を思え）と、僕たちに伝えてくれているんじゃないだろうか。

だとすれば、底意地が悪い言葉の神様は、これでなかなか、厳しくも優しい奴なのかもしれない。

この小文で記されている「いま」は、映画『痛くない死に方』を公開に先駆けて関係者用のDVDで鑑賞した直後の「いま」である。

その「いま」は、映画の原作となった長尾和宏医師の著書『痛い在宅医』と『痛くない死に方』を読み終えた数日後の「いま」でもある。

「え？　おまえ、この原稿を書くために、あわてて原作本を読み、DVDを観たのか？」と、付け焼き刃ぶりを難じられるのは覚悟している。

ごめんなさい。

そう、あくまでも仕事として本を読み、映画を観たのだ。もっとぶっちゃけて打ち明ける。たまたま編集部のKさんが旧知の人だったので、この仕事にお声がけをいただいたのだ。

ただし、Kさんは「読んで、観て、気に入っていただければ、というお願いです」と言ってくれていた。その誠実さに感謝しつつ、もしかしたらお断りする可能性もあるだろうな、というのを前提に本のページをめくり、DVDを視聴したのだ。

そして、すぐさま編集部に返信をした。

ぜひ、書きたい――。

メールでは、ちょっとだけ見栄を張ってそう書いたのだが、本音では、こう。

ぜひ、書かせてほしい――。

ずっと探していた「お悔み申し上げます」のモヤモヤに対する答えが、ここにあった。その驚きと歓びを、誰かと（つまり、いまこの文章を読んでくださっているあなたと）分かち合いたかったのだ。

ネタバレにならない程度に書いておくと、この映画は、在宅医療や在宅死、看取りを大きな主題としている。直接の原作となったと思しき『痛い在宅医』にも視野を広げると、「在宅医のありよう」「平穏死とはなにか」という主題も浮上する。

どれも、ほんとうに胸に沁みた。「なるほど、こんなふうに在宅医は考えているのか」「家族を自宅で看取るとはこういうことなのか」と実用的に（映画に対して失礼な評言だとは承知の上で）学ぶべきところは多岐にわたっていた。

しかし、それを超えて、本作から僕が受け取ったのは、人の死をめぐる「悔」との付き合い方だった。

在宅の看取りを選んだ患者さんの最期を苦しませてしまった若い医師、在宅医療を頼んだ患者さんの娘……二人の「悔」が、物語を牽引する。役名からすると、柄本佑さん演じる主人公の河田医師は、『痛い在宅医』で同名で登場する医師と重なり合うのだろう。

率直に言って、『痛い在宅医』で登場する河田医師には、僕はまったく共感できなかった。実在の医師だけに申し訳なさもあるのだが、いや、実在だからこそ、こんな人には自分の親の看取りを絶対に任せたくない、と思ったのだ。

しかし、その一方で、河田医師の内面も知りたかった。『痛い在宅医』の中での遺族との面談の記録だけでは足りない。彼を「ただのひどい医者」で終えては、この映画も、「在宅医選びの参考書ムービー」で終わってしまうではないか。

河田医師にも「悔」はあるだろう。あってほしい。なかったら、まさしくサイテーだぞ。河田の「悔」や、死んだ患者さんの遺族、とりわけ坂井真紀さん演じる娘の「悔」をどう描き、それをどう昇華させるかが、この映画のキモだぞ。

そう思いながら映画を観て――ネタバレができないのがまったくもどかしいのだが、心底、ほっとした。うれしくなった。長尾和宏さんと高橋伴明監督の「一面的な勧善懲悪ではダメだ」という倫理や志を勝手に受け止めて、「そう、そう、そうでなくっちゃ！」と喝采したのだ。

「悔」は、簡単には解消しない。長尾さんの原作も、高橋監督の映画も、安易に「よかったね」とは言わないし、言わせない。それはそうだ。人の死にかんする後悔が、なぜ重いか。あたりまえじゃないか。死んだ人は、もう帰ってこないのだから。悔い改めた若き医師がどれだけ墓参りをしても、遺骨になった患者さんが元の姿で戻ってくることはありえないのだから。

「悔」は消えない。それでいい。墓前に供えた花が、亡き人をよみがえらせることはない。それでも、いい。しかし、供えた花の美しさが、のこされた人の心を束の間でも癒やすかもしれない。それだからこそ、いい、

映画には、痛くない＝「悔」の残らない死に方をした人も登場する。観た人は、間違いなく、そこに理想の死に方を見るだろう。理想の死に方を支えてくれる、理想の家族像も見つけるかもしれない。

しかし、あえて――作品とつくり手に対しての最大級の敬意を込めて、言っておく。

きっと、あの（大谷直子さん演じる）奥さんにも、やがて、じわじわと「悔」は生まれてくるだろう。あのときにはベストを尽

「悔」

重松清

くした。けれど、もっと、もっと、もっと、よくできていたかもしれない、と。

最高の逝き方をした（宇崎竜童さん演じる）ダンナさんも、もしかしたらあの世で改めて人生を振り返ってみると、「我が人生に悔いなし」とは言えないかもしれない。

それでも。

だからこそ。

僕は思うのだ。人生とは、「悔」をきれいに消し去るのではなく、どうしても残ってしまう「悔」と、うまく折り合いをつけながら、ともに長い旅をすることではないのか。

「悔」が適度に残った人生を振り返って、まあ、なんとかなったかな、と心地よい苦笑いを浮かべられることこそが、幸せなのではないか。

「終わり良ければ、すべて良し」という言葉がある。この言葉から最後の最後の一発逆転の可能性を見いだす人もいるだろうし、「終わりが悪かったら、いままでのことも全部パーなのか？」と身震いする人もいるだろう。

僕にも、よくわからない。なにしろ「終わり」をまだ経験していないのだし。

ただ、「すべて良し」とまではいかなくとも、終わりの良い人生は、終わりの悪い人生よりははるかに幸せだよな、とは認める。

人生とは、始まりを自分では決められないものである。いつ生まれるか、どんな環境で生まれるか、それは一切決められない。

人生の真ん中あたりも、いろいろなしがらみがあって、そんなに思いどおりにはならない。そこに数々の「悔」も生まれるのだ。

それでも。

だからこそ。

終わりの日々は、自分で選びたいな。

若い頃の「悔」を消し去るのではなく、その苦みと折り合いをつけつつ、胸に抱いていけるような終わり方を、探したいな。最後の最後に残ってしまう「悔」は、自分自身にとっても無念だし、なにより、その後もずっと家族を苦しめてしまうものだから。

人生には、どうしようもなく「悔」は残る。

だが、せめて人生の最後の最後、死に方の「悔」だけは残したくない。

じゃあ、どうすればいいか。

宇崎竜童さんと大谷直子さんの笑顔が、その大きなヒントになるのだと、僕はいま、思っているのだ。

かけがえのない家族を亡くした遺族への挨拶を「お悔み申し上げます」と決めた言葉の神様は、この映画をどんなふうに観るだろう。

いつか訊いてみたい。

目が合うと、無言で笑ってサムアップ――いや、そういうリアクションは、神様には似合わないかな。

読本 目次

映画『けったいな町医者』

映画「痛くない死に方」

井上トモミ（仮名）による、父親の退院から自宅療養、死までの記録

映画原作本『痛い在宅医』より抜粋

●4月25日前後

D在宅クリニックに初めて問い合わせの電話をした。末期がんの患者の訪問診療はしているのかどうかを確認。これまで受診していたC在宅クリニックの酒森先生（全国的に有名なベテラン緩和ケア医）ではなく、フットワークの軽さを重視して、ある意味ギャンブルで家から近いそちらに連絡をしたと伝える。すると「院長の河田医師は十年あまり訪問診療に携わっていて、肺がん患者も診ています」との回答。安心する。5月3日以外は面接対応していただけるとのこと。

追記＊しかし、実際は父の退院は5月9日にセッティングされた。

●5月9日（火）

午前、父、A総合病院から三週間ぶりに退院する。午後、D在宅クリニック院長の河田医師が訪問看護センターの梅原看護師とともに来宅される。いくつか、父に質問。私が代わりに答えると、父本人と話をしたいと私に伝え、父の目を見ながら様子を確認。その後、私と面談。A総合病院から処方された薬のことを尋ねられる。また、同病院の主治医からどんな話があったかを聞かれる。

トモミ「いつでも病院に帰ってきてよいと言われました」

河田医師「余命については？」

トモミ「主治医からは聞いていないですが、がん相談支援センターの方には、数日かもしれないし、週単位で考えてと言われました」

追記＊実際、入院中にA総合病院の主治医と家族が本人の病状について話をする機会はなく、入院当初に気管分岐下のリンパ節の増大があるとだけ言われたのみ。そのあとは、がん相談支援センターの方2名と、看護師さん数名とだけ話をしている。

河田医師「何か心配事は？」

トモミ「5月7日に下痢をしたあとは、便が出ていないことです」

河田医師「どんな薬が出ています？」

トモミ「錠剤が出ていますが、大き過ぎて飲めません」

河田医師「座薬と浣腸を出しておきます。あと、聞きたいことは？」

トモミ「モルヒネですが、おなかから（皮下）点滴を入れるということ（＊編集部註：PCAポンプのこと）は在宅でできますか。オプソをもらっていますが、飲めなくなったときはどうすればよいですか」

河田医師「座薬を出しておきましょう。では、ボタンを押すと薬剤が出る機械がありますので注文しておきます」

トモミ「お願いします！　飲むのも苦しそうなので。すぐにでも」

河田医師「あとは何か聞きたいことはありますか」

トモミ「聞きたいことですか……。今は、便秘と、麻薬のことくらいです」

河田医師「何かあったら呼んでくださいね。次の訪問は、10日後の金曜日になります」

追記＊ここで、次の訪問が10日後ということだったので、父はすぐに死ぬことはないのだと安心する。苦しませたくないため、PCAポンプが早く来てくれることを望む。

●5月10日（水）

父、呼吸が苦しそう。午前、梅原看護師さん来られる。酸素マスクを希望する。自身の看護ステーションには大容量のマスクしかないということで、先生に問い合わせてくれた。機転を利かせた看護師さん、カニューレ（酸素を入れるための管）を口に咥えることを提案。本人はそれで呼吸が楽になったとしばらく安心していた。鼻から吸うことが相当辛いらしい。そして束の間楽になったものの、カニューレでは呼吸困難を解消できていなかった。酸素濃度に合ったマスクを注文。看護師さん、私が記録していたクスリと尿の回数などのメモを写真に撮っていく。相変わらず血中酸素量が測りづらいが、95くらい。血圧は低下しているとのこと。看護師さんが帰ってから、父、とても苦しがり、服を脱がせてくれと言う。服やタオル等が体にかかっていると苦しいと言う。窓を開けて風を入れると、少し呼吸が楽になるような感じもあるが、すぐに息切れ。「生きるか、死ぬか、生きるか、死ぬか」と唱えている。モルヒネを飲むと死ぬと思い込んでいるようで、なかなか飲まない。水は少しずつ、ちょこちょこ飲むが一口一口、飲むたびに苦しそう。口呼吸のために口の中が乾くようだ。辛い一日。

午後5時くらいに父の妹がお見舞いに来る。父の部屋に泊まってくれると申し出があった。「大変だよ、夜中に数時間おきに水とオシッコだよ」と断るが、最後くらいやらせてほしいと言われる。今日は寝られると正直ほっとする。とても助かった。夜は気になって父の声がするたび部屋をのぞく。叔母が頑張ってくれていた。

●5月11日（木）

この日は看護師の訪問はなし。相変わらずカニューレを吸いながらハアハアとしているが、夫が出勤の時は手を挙げて「いってらっしゃい」と挨拶をする。喉が渇けば「水ーっ！」と声がかかる。苦しいのかベッドの背を上下に動かしてほしいと、手で頻繁に指示がある。昨日から泊まってくれていた叔母も一緒に手伝ってくれる。

妹が姪を連れて見舞いに来る。これが最後になるだろうと小学校を休ませてきた。姪が父の部屋で一言二言話をしている。叔母と妹も代わる代わる父の部屋へ。私以外の家族がいると父も安心するのかも。

午後3時30分、叔母と妹たちが帰宅。父の呼吸が苦しそうな時間がないわけではないが、今日は穏やかな時もあり、みんなが帰ったあとも二人でちょっとした会話ができた。「この窓から見える大きな木はママが気に入っていたよ」と伝えると「いいね」。急に「さすがトモミだ。この部屋のサイズはちょうどいい」と言う。長らく画材販売やデザイン・設計関係の仕事をしてきたからか、介護のために引っ越しをしたこの部屋に何か思うところがあったようだ。

●5月12日（金）

午前8時30分、苦しそうにしている父のベッドをのぞいた夫が「つらいなあ」と声をかける。父は夫の目を見て深く頷く。行ってらっしゃいとでも言うように、手を一回振る。

午前10時15分、看護師さんが来る。10日に来た梅原看護師とは別の若い女性二人。父はずっと苦しそうだ。相変わらず服を脱いで、おむつ一枚で、タオルもかけずに苦しんでいる。看護師さんは父に、「服着てください」と声をかけている。「足も冷たいから何かかけてください」と私に言うので、「上にかけると苦しいようです。服が苦しいみたいです」と伝えると、困った顔をされる。今日の看護師さんに、クスリと尿の記録を見せたが、写真に撮らない。明日からの土日はチェックを入れて管理するようにと、記録表を一枚もらう。父本人は、その傍らで「殺してくれ！」と叫んでいる。

便が出ていない旨を伝えると「おなかも動いているし、これだけ苦しんでいるのに、浣腸はかわいそう」と言うので、浣腸はしないことにした。私もそう思う。看護師さん、帰宅。

水が飲みにくくなる。インターネットで、氷を口に含ませるとよいとあり、「氷 なめる？」と聞くと深く頷く。氷とアイスクリームを買い、一口ずつ食べさせる。そのたびに「うまい」の一言。

その後、父、苦しみ悶えながら「お迎えを呼んでくれ」と何度も言う。そのたびに、「まだ来ないよ」と伝えていた。しかしこの父の言葉は、「あの世からのお迎え」のことではなく、「先生を呼んでくれ」と言っていたのだということが夜にようやくわかり、喧嘩となる。呼吸苦、さらに増大。

午後7時、慌てて河田先生を電話で呼ぶ。自分から先生の携帯に電話をしたのは、このときが初めて。しかし、「今から行きます」とは言ってくれなかった。「まだご家庭でできることがあります」と言って、モルヒネを一時間ずつの間隔で投与するように指示される。（以下電話でのやりとり）

トモミ「オプソですか、座薬ですか？」

河田医師「どちらでもよいです」

このとき、この二つの薬は効くタイミングが違うのに、どちらでもよいという先生の指示に疑問を持った。

電話を切ったあと、苦しむ父に、「麻薬を飲まないと先生は来てくれないって」と伝えると、あれだけ嫌がっていたはずなのに必死にオプソを飲み始めた。

しかし、本人は楽になっていない模様。オプソは一時間おきという決まりだが、時間を空けるのがつらい。追加で飲ませるか否か、私、葛藤する。しかし午後9時まで待てばMSコンチンも飲ませられるからと、じっと我慢。父が苦しむのを見るのがつらい。こんなにつらいとは……。

午後9時になったので、MSコンチンと座薬を一緒に使用することにした。すると、10時にすやすやと眠りだした。涙が出るほどほっとする。

ほっとして、私もつい寝てしまった。午前3時にハッと目が覚めて、慌てて父の部屋に向かうと、本人も寝ていたので安心して隣で再び仮眠をとる。

明け方4時。父が再び、苦しみだした。

オプソを飲ませるも効果なく、再びD在宅クリニックの固定電話に二回かけたが出ないので、指示されていた携帯にかける。十分後、別の携帯番号から着信がある。事務長の男性だった。「父が大変苦しんでいるので、オプソを一時間空けなくても投与してよいか」と訊ねる。「先生に確認します」と事務長。電話、すぐ切れる。

しかし、五分経過しても折り返しの電話はない。その間も、父の苦しみがどんどん増しているので、返事を待てずに座薬を入れる。入れたあとにようやく電話が来た。しかし、先生本人ではなく先ほどの事務長さんから。電話の返事は、「一時間空けてください」という教科書通りの指示のみ。「もう、座薬を入れてしまいました」と伝えると、事務長さんは「そうですか」と言うだけだった。父を看ないといけないので、そこで電話を切る。

なぜ、河田先生から折り返しの電話がないのだろう？ 本当に連絡を入れてくれたのか？ さらなる疑問を持つ。

午前4時30分前後で尿をとる、10㎖ほど

午後4時50分　オプソ入れる

午後6時10分　オプソ入れる

午前6時20分、父、呼吸が激しくなり、悶え、座薬も入れられない。河田先生の携帯に連絡をするも、事務長が出て、三十～四十分かかりますとのこと。しかし、本人はどんどん苦しんでいるので、ハッと気がつき、教えてもらっていた梅原看護師さんの携帯に電話をする。梅原さんからは、三十分で行きます、との返事。

父は必死にカニューレを吸い込んでいるが、息ができない模様。それでも、必死に、必死にカニューレを口で吸いこんでいる。これがあの、肺がん死特有の溺れているような苦しみ方なのか。どんどん苦しみが増し、昼間は腕を動かすことさえつらくてできなかったのに、この時は、握りこぶしを作って胸を強く二回叩いた。

私の夫が父の手を握り、「もうすぐ来てくれるから。がんばれ」と声をかける。

父、苦しみながら夫を睨みつけたあと、目の玉がぼやけて力尽きた。パフーパフーと、力ない金魚のように口を開け閉めしている。

再度、河田先生の携帯に電話する。今度はご本人が出た。しかし、「今、運転中なんですよ」と不機嫌そうな声。

父の動きが止まる。

梅原看護師、到着。父の死を確認している。

河田先生から電話、今、マンションに着いたということで、「201号室でしたっけ?」と私の家の部屋番号の確認。その声が外から聞こえてくる。

河田先生「遅くなりました～」と言って入って来る。そして、父の死亡を確認。そのあとの第一声が次の言葉だった。「よくこの状態で連れて帰ってきましたね」。ぼう然とする。

私から、河田先生に、父がひどく苦しんで逝ったことを話して、なぜ、セデーション（鎮静）ができなかったのかと尋ねた。「セデーションねえ。僕も2回、いや、1回かな（＊後日、6月3日の面談時に3回やったことがあると訂正）やったことがあるけど、お年寄りはうまくいかないですよ」との答え。

セデーションの経験があるとは言えない回数であり、愕然とした。

その後、河田医師はこう続けた。「身内を看取るのって、大変なんですよ。知り合いの医者がね、身内を看たとき、やっぱりなかなかうまくはいかなくて……」と話し始めたので、私、「書類が必要なのではないですか?」と話を遮ってリビングに追いやった。

●5月15日（月）

私が父を殺した……という想いから抜け出せない。絶望感。なぜ失敗したのか。

そうだ、父のカルテを見ようと思い立ち、D在宅クリニックに電話する。私がクリニックに初めて電話をした時に対応してくれた事務員の女性Tさんが出る。「このたびは……」という挨拶のあと、「井上様の問い合わせ時に私が応対して、大丈夫ですとお伝えしていたのにこんなことになって。ご焼香とご説明にあがりたい」と申し出を受ける。私は、父のカルテのコピーが欲しいと伝える。「何に使うのか?」と訊かれたので、自分の何が悪かったのかを確認したいと答える。「23日にご焼香に行くので、そのときに持参します」とのこと。

次に、訪問看護ステーションにも電話。梅原看護師と話す。こちらも「ご焼香に伺いたい」ということだったので、まずは看護記録がほしいと伝える。ここでも、「何に使うのか?」と訊かれたので、自分の何が悪かったのか知りたいのです、と答えた。エンゼルケア（＊死亡後の処置や着替え、死に化粧など）の請求書と一緒に17日に持って来てくれるとのこと。

●5月16日（火）

父の葬儀。葬儀場に向かう途中で、河田医師から私の携帯に電話が入った。

河田医師「お電話いただきまして」

トモミ「え？　今ですか？」

河田医師「あ、いえ、昨日」

トモミ「ああ、昨日、D在宅クリニックに電話しましたよ」

河田医師「……お父さんのカルテを見たいということですが、何にお使いになるんですか」

トモミ「自分の何が悪かったのかを知りたいのです」

河田医師「ファックスはありますか。カルテと情報提供書でしたら三～四枚ですから、ファックスで送れますよ」

トモミ「画像も欲しいです」

河田医師「画像もお渡しできます」

トモミ「取りに行きます」

河田医師「そうですか」

トモミ「やっぱり郵送してもらえますか」

河田医師「いいですよ」

トモミ「今、葬儀に向かっているところなので、あとでご連絡します」

電話を切ったあとで、ふと、「ファックスを送られただけで終わるのか？」と思い、D在宅クリニックに電話する。事務員のTさんに、「うちに来てくれるという話はなくなったんですか？」と訊く。Tさん「いえ、それは伺います」との返事。「ああ、よかったです。ファックスだけで済まされるのかと思いました、では、画像はその時で結構です」と返事。

●**5月17日（水）**

訪問看護ステーションの梅原看護師が午後3時に来宅。看護記録を見せてもらい、疑問点を質問。終末期の患者に対する対応がなっていないこと、終末期患者をもつ家族への指示がない点、看護師が訪問のあとに医師への報告をしていない、医師との連携ができていない点を指摘する。再度、責任者と来るという話になった。

その後、梅原看護師から電話がある。「河田先生やケアマネさんがそちらに行かれる日はありますか？」との問い合わせだった。「今のところ、クリニックの事務の方からしか、その申し出はありません」という話をする。「できれば、当事者全員が集まって話をするほうがよいのでは？」と提案された。私もそう思う。「日程は河田先生に合わせます」と伝え、梅原さんにセッティングを任せる。

●**5月19日（金）**

訪問看護ステーションより電話がある。

「河田先生とケアマネさんに確認をしましたが、行けないとのことで、私ども訪問看護ステーションから責任者と梅原さん、D在宅クリニックからは事務のTさんと看護師さんで行きます」とのこと。河田先生が来ないことに違和感を覚える。

●**5月23日（火）**

4名が来宅。これまでの経緯について、私が書いたこの時系列のメモがほぼ間違いないことを確認する。D在宅クリニック、訪問看護ステーションともに、このたびの件について、それぞれに問題があることに気づき、謝罪をしていただいた。

しかし、その上で私は、「河田医師と話がしたい」と伝えた。河田先生から直接言葉を聞かないと納得できない。

原作『痛い在宅医』で長尾医師と対峙した井上トモミさん（仮名）から映画化に寄せてのメッセージ

父のがんが完治しないとわかったとき、「これまで苦労してきた分、父には苦しくない最期を迎えさせてあげたい、家で看取りたい」と考え始めました。

病院での療養中、どんどん弱っていく父を見て、私は退院させることを躊躇しました。でも、毎日毎日、家に帰る話ばかりする父。私は不安を抱えながらもその想いを受けとめて、家で看取ることを決めました。

結果は映画の通り、本の通りです。死は思い通りにはいかないものだということを思い知らされました。

それでも、車いすで病院から出た父の、5月の風にあたって見せた一瞬の穏やかな表情や、家に戻って娘や孫に囲まれたときの小さな微笑み、夜中に「大丈夫か？」と私を気遣ってくれたその声は、在宅医療がくれたかけがえのないプレゼントだったと、今ならわかります。

父を亡くした当時は、二度と在宅看取りなんかするものかと心に決めたほどで、苦しませて死なせてしまったことを思い悩む日々でした。でも、本が出版され、それを原作とした映画を観て、改めて父との日々を振り返ると、住み慣れた家で生活して死んでいくことは、良いとか悪いとかではなく、それが人間の自然な営みであることに気づかされます。

ぜひ、映画を通じて、多くの方に在宅医療の光と陰の両面を知っていただきたいです。私のような一般市民が在宅医療の本当の姿を知ることで、在宅医療が育ちます。それはやがて、多くの人の「痛くない死に方」を実現させる力となるような気がしています。

父とその家族の物語が、たくさんの人の最期を幸せなものにできたとき、父の死も痛くないものに変わっていくと信じています。

井上トモミ

長尾和宏

痛い在宅医

「先生、なぜうちのパパは、平穏死できなかったの？私が、殺した……？」

在宅医を選ぶ前に必ず読んでください！

『痛い在宅医』

父親に平穏で痛くない最期を迎えさせてあげようと選んだ在宅医。しかし、父親は苦しみ抜いて息絶えた。在宅医なんか頼んだのが間違いだったの？　著者、長尾和宏医師に、父親を亡くした娘が本音をぶつけ、在宅医療の光と陰を壮絶に浮き彫りにしたノンフィクション。世に数ある中のたったひとつに過ぎないかもしれないお別れに、現代の在宅医療の抱えるすべてが包含されている。原作のトモミは、映画の中では、父親（下元史朗）を看取る智美として、坂井真紀が演じる。

Introduction

大切な人を、どう見送るか？
そして自分は、どう旅立ちたいのか？
それは人生でいちばん「考えたくないこと」
でも、「考えなければいけないこと」

新型コロナウイルスによって、
日本人の死生観が変わりつつある2021年。
映画『痛くない死に方』は、
あなたにどんな提案をもたらすだろう――。

終末の伴走者と、どう出会い、関われるのか…。
「病院」だって「在宅」だって、それを動かすのは、人。
病という対象物としてだけでなく、人が人を看取るということを真ん中に置けたら…。
死を目前に「選択」の嵐が訪れる時、何を最も大切にしたいのか？
そこを見据えていれば、最期まで、その人らしく生きることができると、
この映画は囁いてくれる。

――内田也哉子（エッセイスト）

大切な人の最期のとき、ただただ願うのは幸せでいてほしいということ。
死をポジティブに迎えられるくらい、満足していてほしいということ。
そのために何ができるのか、結論は〝意思に寄り添う事〟だとわかった。

――ロンドンブーツ1号2号 田村淳（タレント）

Story

「人間を好きになれ」

病院か、在宅か。
この映画は在宅医と患者、そして家族の物語である。

在宅医療に従事する医師、河田仁（柄本佑）は、どことなく自分の中に矛盾や葛藤を抱えながらも、仕事に追われる毎日に疲弊しきっていた。同時に妻のストレスも頂点に達し、家庭崩壊の危機に陥っている。

そんな時、末期の肺がん患者・大貫敏夫（下元史朗）に出会う。敏夫の娘の智美（坂井真紀）の意向で、痛みを伴いながらも延命治療を続けることしかできない入院ではなく、〝痛くない在宅医〟に頼み、〝痛くない在宅医療〟のほうを選択したのだという。しかし河田は、智美の切実な問い合わせに対しても、電話での対応に終始してしまう。結局、敏夫は激しい苦しみの中で息絶える。痛くない在宅医療を選び、そのために河田を選んだのに、最終的には〝痛い在宅医〟にあたってしまったのだ。それなら病院にいたまま、深い鎮静の中で死んでいったほうがよかったのか、病院から自宅に連れ戻した自分が、父親を苦しめて殺したことになるのかと、智美は河田を前に自分を責める。智美の言葉と眼差しは、河田を打ちのめした。

智美の悲しみと苦悩を目の当たりにして、河田はこれでいいのかと逡巡する。在宅医の先輩である長野浩平（奥田瑛二）に相談すると、「病院からのカルテではなく、本人を診ろ」と助言を受ける。さらに、「肺がんよりも肺気腫を疑って処置すべきだった」と指摘された。自分の判断ミスにより、敏夫は不本意な苦しみの末に息絶えなければならなかったのかと、河田は痛恨の念に苛まれる。自分にはもっと別に、すべきことがたくさんあったのではないか……。

長野のクリニックに入り、在宅医としての治療現場を見せてもらううちに、在宅医としてのあるべき姿を模索し始める河田。大病院の専門医と在宅医の決定的な違いは何か、長野から学んでいく。

そして2年後、河田は、末期の肝臓がん患者である本多彰（宇崎竜童）を担当することになる。以前とは違う患者への向き合い方をする河田。管に繋がれるだけの不自然な死を遂げさせることなく、在宅医として患者の人生を見て、寄り添う……果たして、そんな「痛くない死に方」は実践できるのか。

医学の進歩に伴い、さまざまな延命治療が可能になってきた。そこにはかつてあった自然な死は、もはや存在しない。かつての日本では死に方を選べなかった。

生き方も同様かもしれない。しかし選択肢が広がったはずの今も、人は死に方を選べないジレンマ、アイロニーを抱えてはいないだろうか。

在宅医療のスペシャリストであり、実際に尼崎市で在宅医として活躍している長尾和宏医師のベストセラー『痛くない死に方』『痛い在宅医』をモチーフに、高橋伴明監督が完全映画化。主演には日本映画界の注目の俳優、柄本佑。そのほか、坂井真紀、余貴美子、大谷直子、宇崎竜童、奥田瑛二など豪華キャストが集結。いつかは自分の親や自分自身に訪れる終末期について考えさせられる必見の一作。

物の関係図

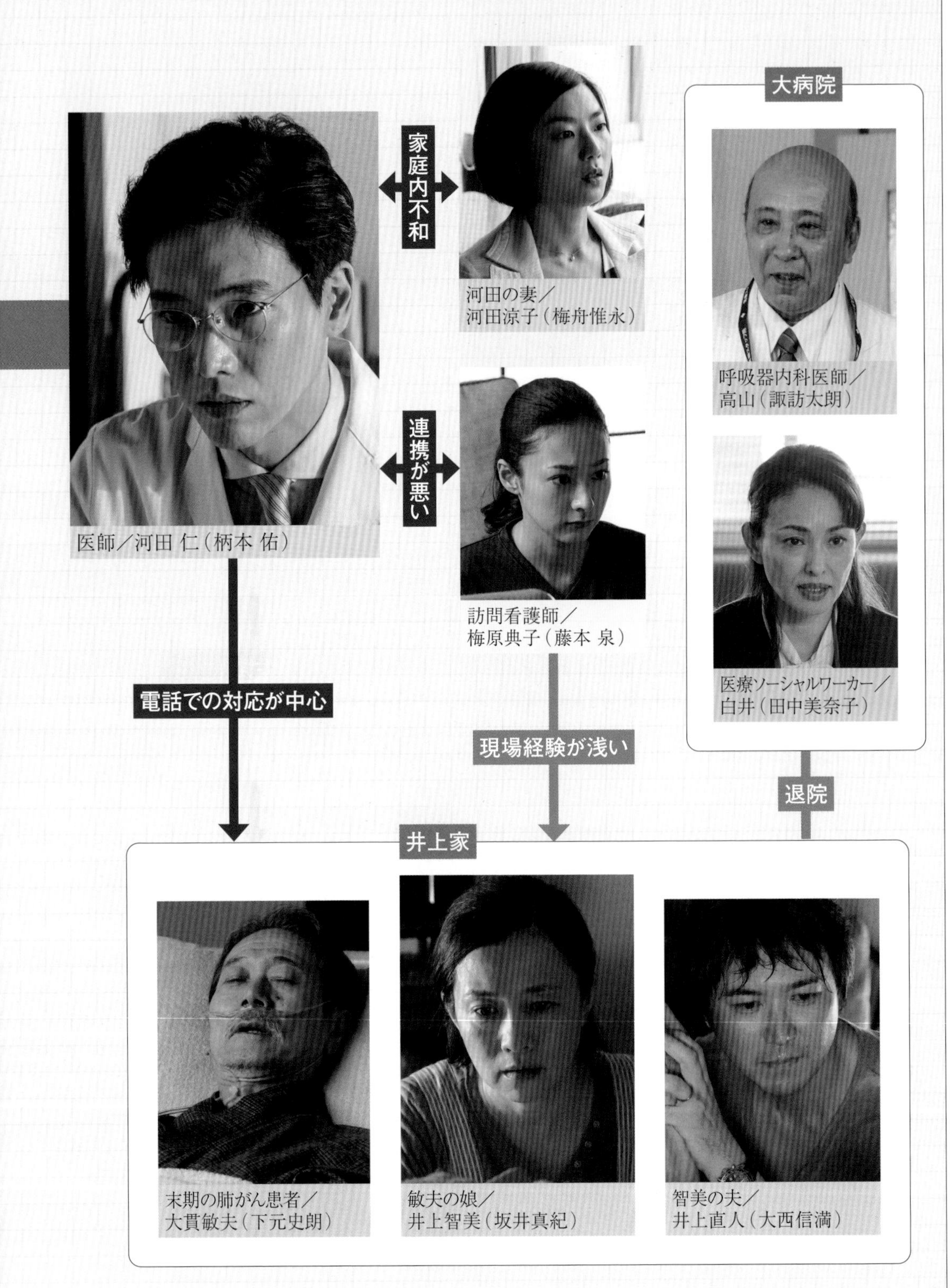

大病院
家庭内不和
連携が悪い
河田の妻／
河田涼子（梅舟惟永）
呼吸器内科医師／
高山（諏訪太朗）
医師／河田 仁（柄本 佑）
訪問看護師／
梅原典子（藤本 泉）
医療ソーシャルワーカー／
白井（田中美奈子）
電話での対応が中心
現場経験が浅い
退院
井上家
末期の肺がん患者／
大貫敏夫（下元史朗）
敏夫の娘／
井上智美（坂井真紀）
智美の夫／
井上直人（大西信満）

主な登場人

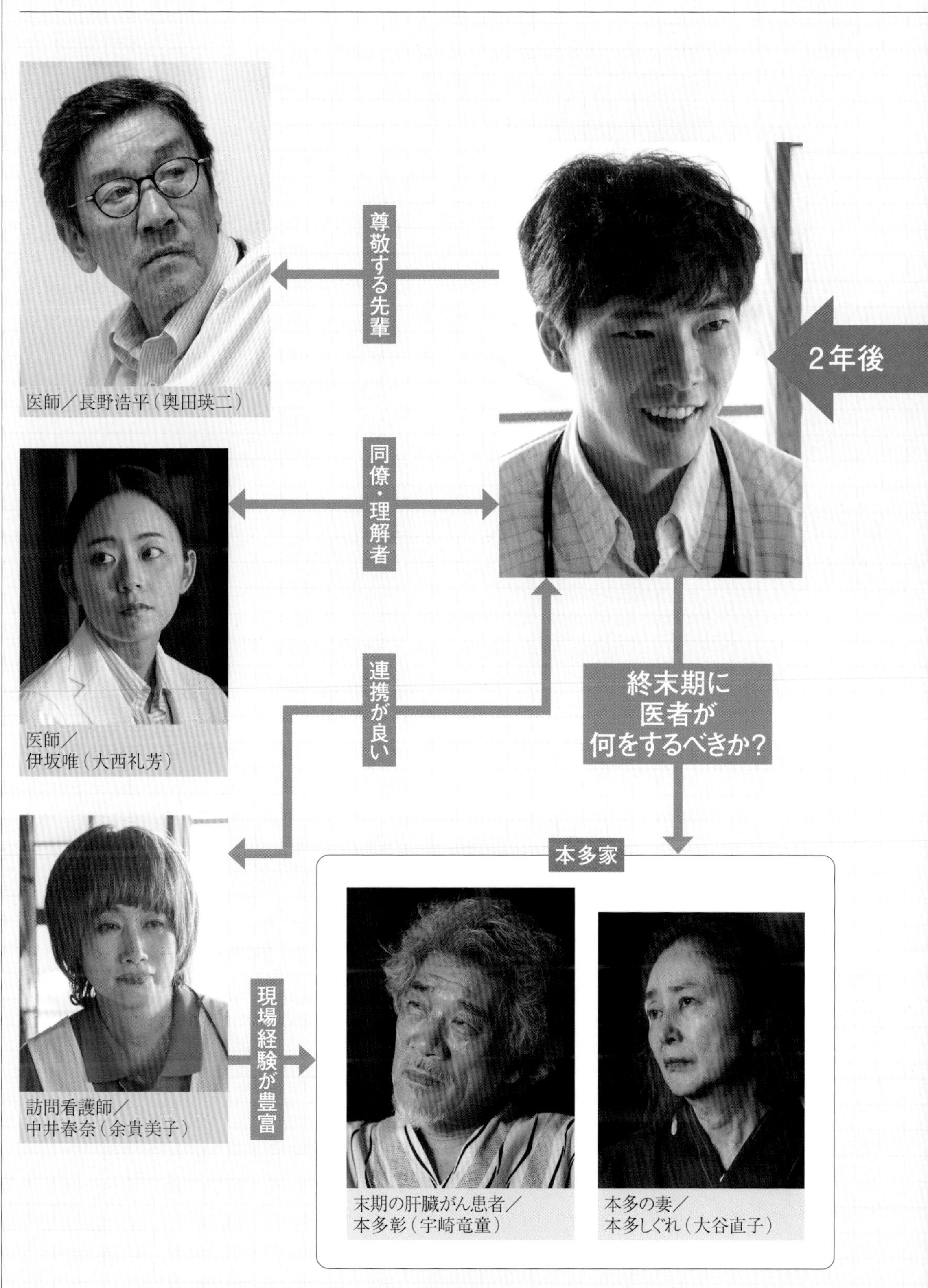
尊敬する先輩
2年後
医師／長野浩平（奥田瑛二）
同僚・理解者
連携が良い
終末期に
医者が
何をするべきか？
医師／
伊坂唯（大西礼芳）
本多家
現場経験が豊富
訪問看護師／
中井春奈（余貴美子）
末期の肝臓がん患者／
本多彰（宇崎竜童）
本多の妻／
本多しぐれ（大谷直子）

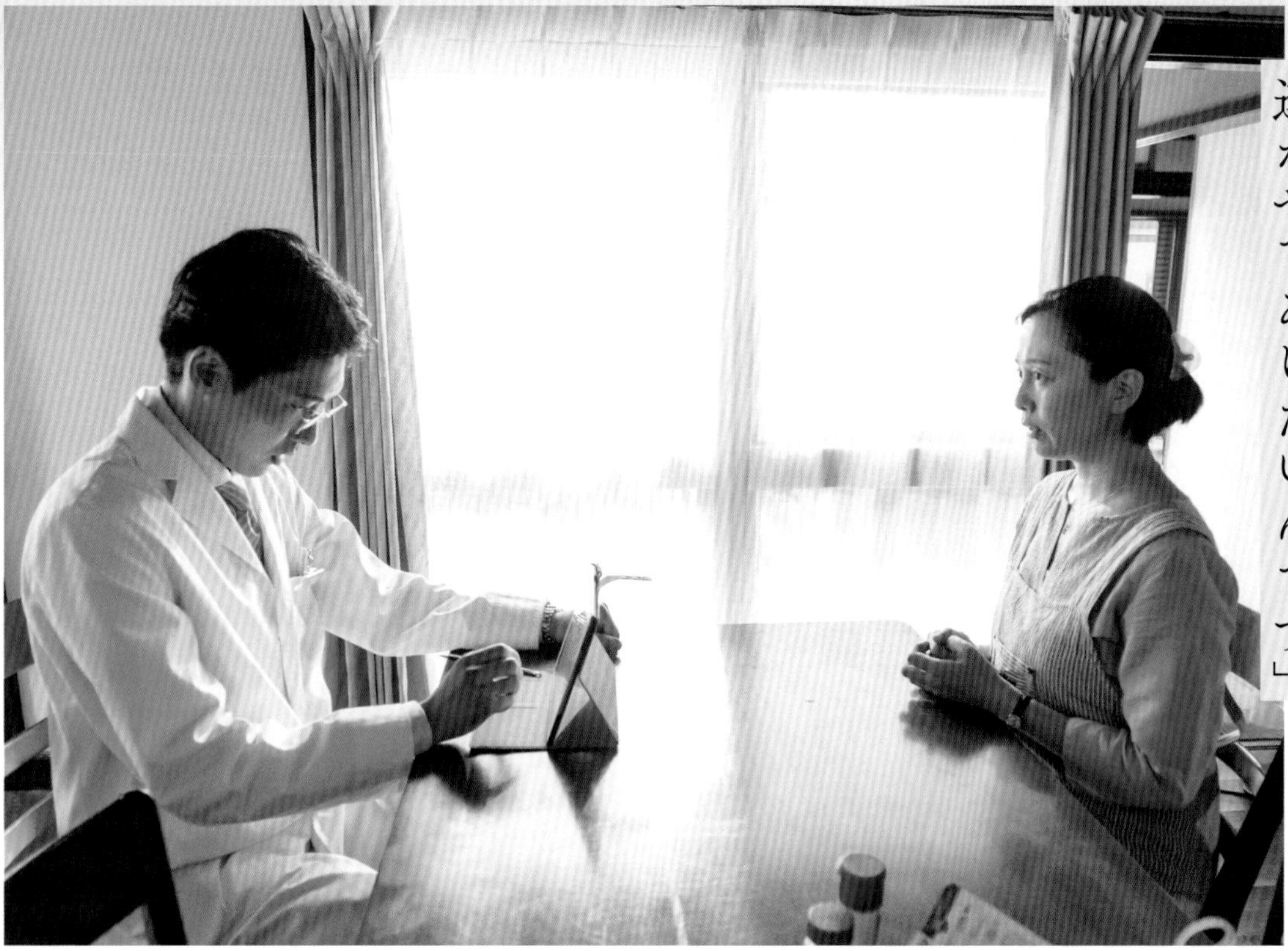

「とにかく苦しまずに
逝かせてあげたいんです」

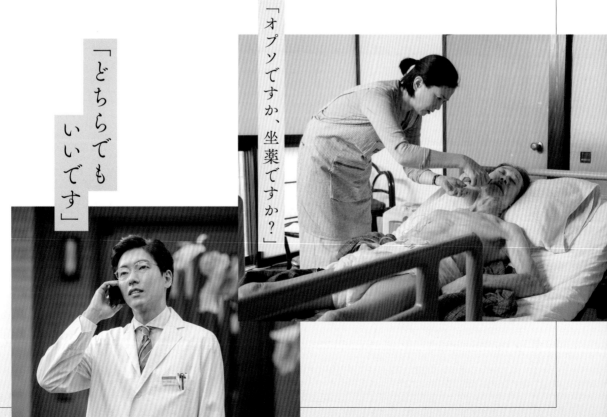

「オプソですか、坐薬ですか？」

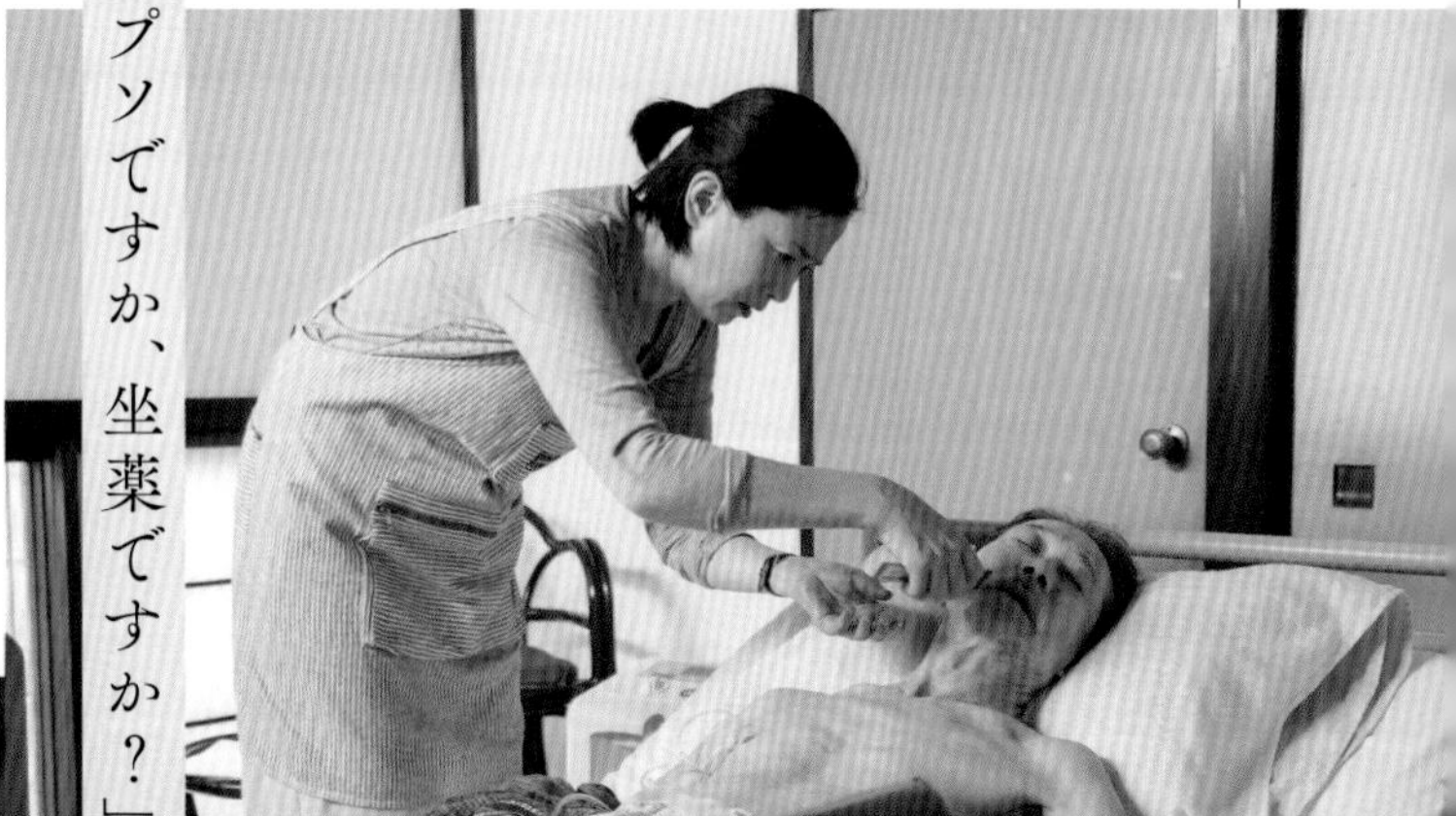

「どちらでも
いいです」

「でも、よくこの状態で
連れて帰ってきましたね。
身内を看取るのって大変でしたでしょ？」

「大変だったのは
父です」

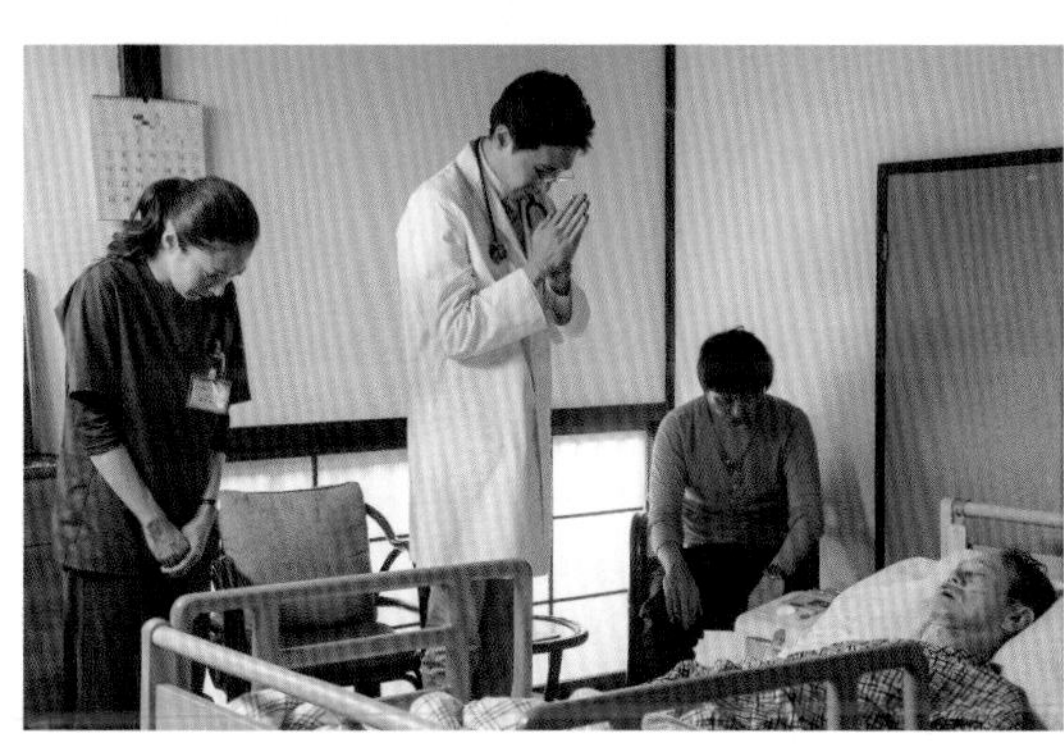

「痛い……
あなたに頼んでしまった
私の心が痛いんです」

「病院からの診療情報は疑ってかかれ。

カルテじゃなくて本人を診ろ」

「トミさん、立派だったよ。よかったね、こんなたくさんの家族に見送られて」

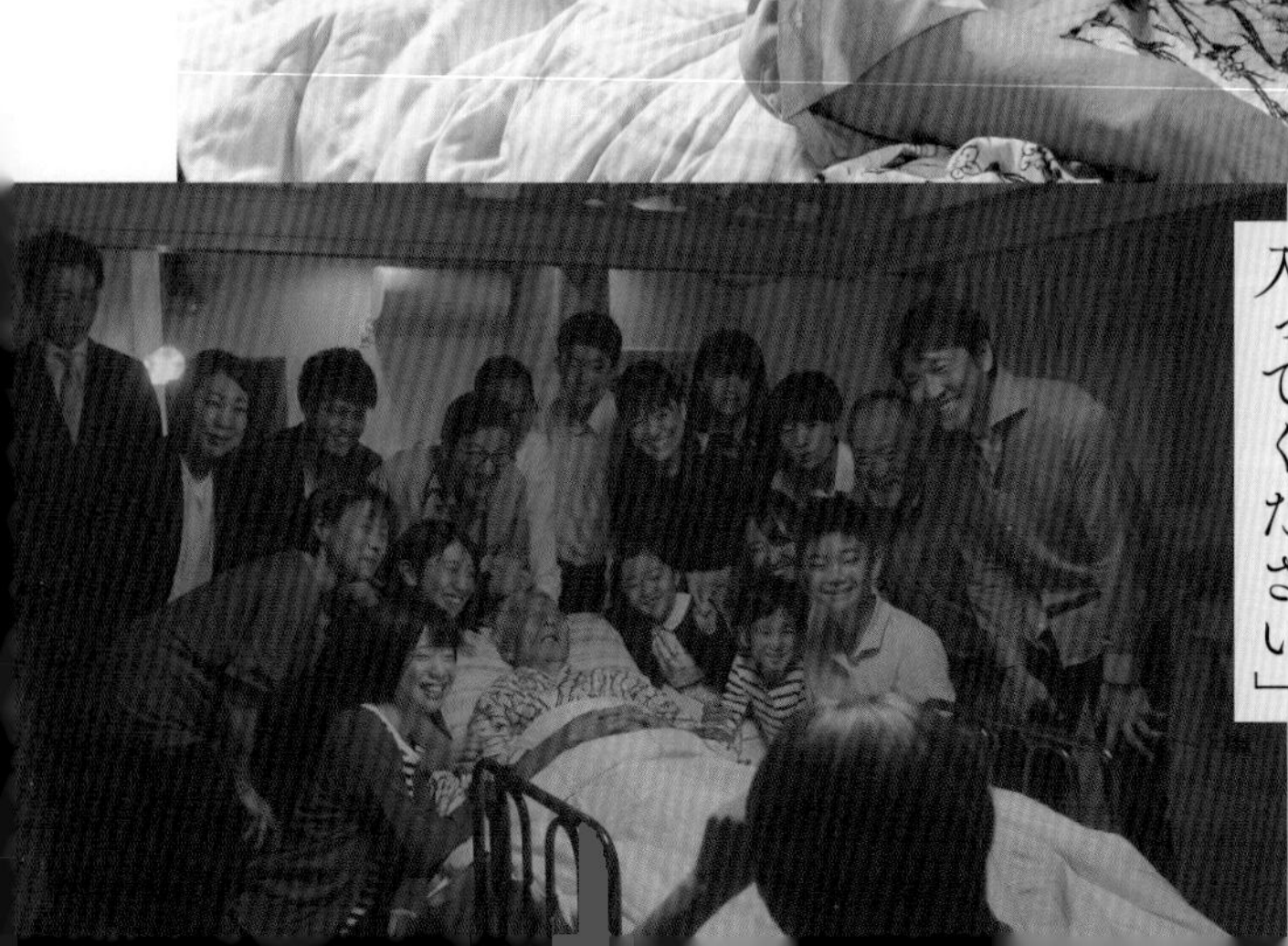

「そうだ、記念写真を撮ろう。先生も入ってください」

「いつもああやって
話しかけるんですか？」

「心臓と呼吸が止まっても
脳は生きてるし、
皮膚の細胞も生きてる」

「大病院の専門医は
臓器という断片を見る、
俺たち町医者は
物語を見る」

「生きるとは、
食べること」

「うまい……
もう一杯」

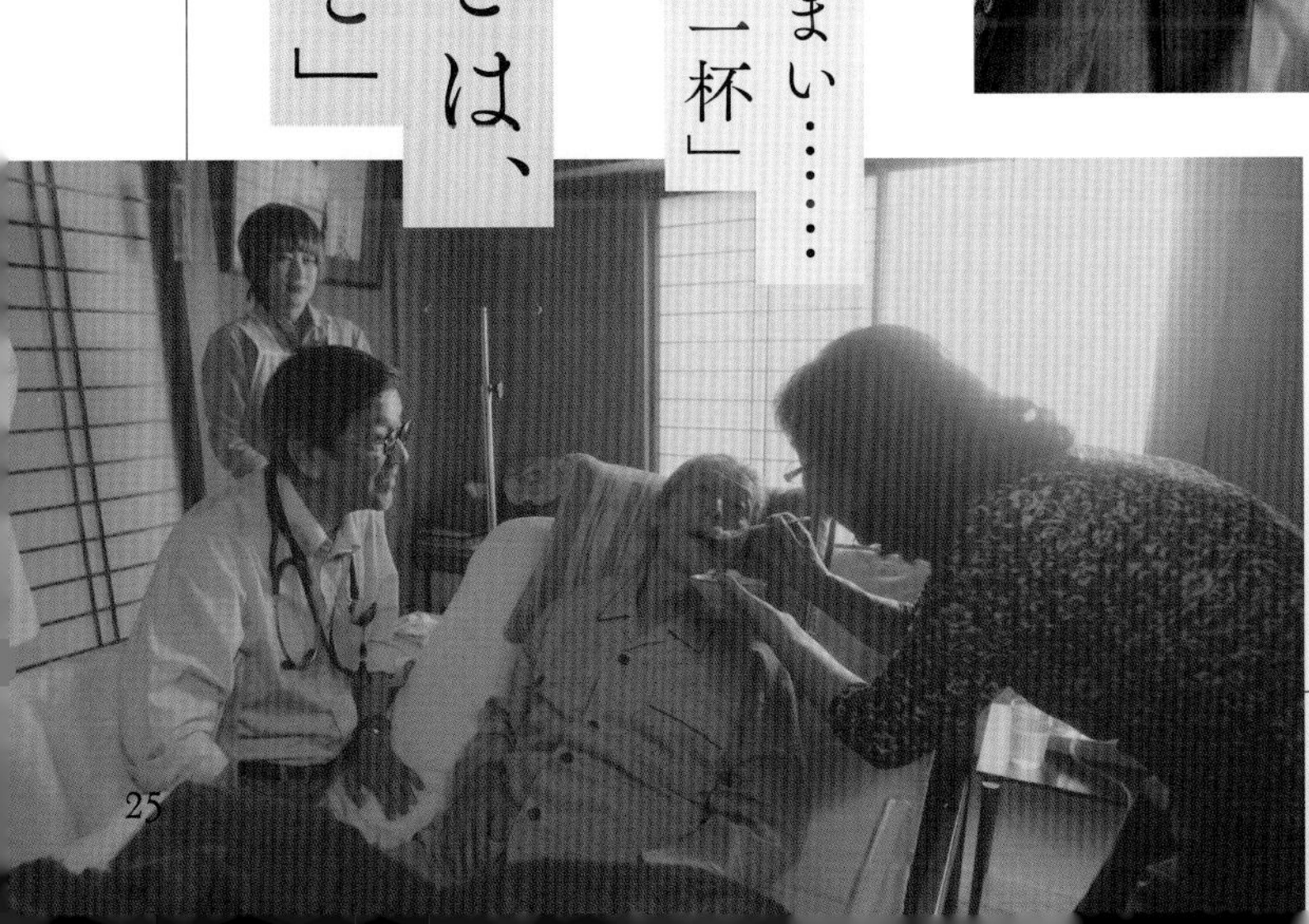

「私、わかったんです、
患者さんの最期を
苦しめていた犯人は
自分だったんだって」

「お詫びしなければ
いけないことが
何点もあります」

「何より、
肺がんの末期という思い込みでしか
病態を診ていなかったということです」

「自然な死に方とは、
と聞かれたら俺は
〝枯れるように
死んでいくこと〟だと答えるね」

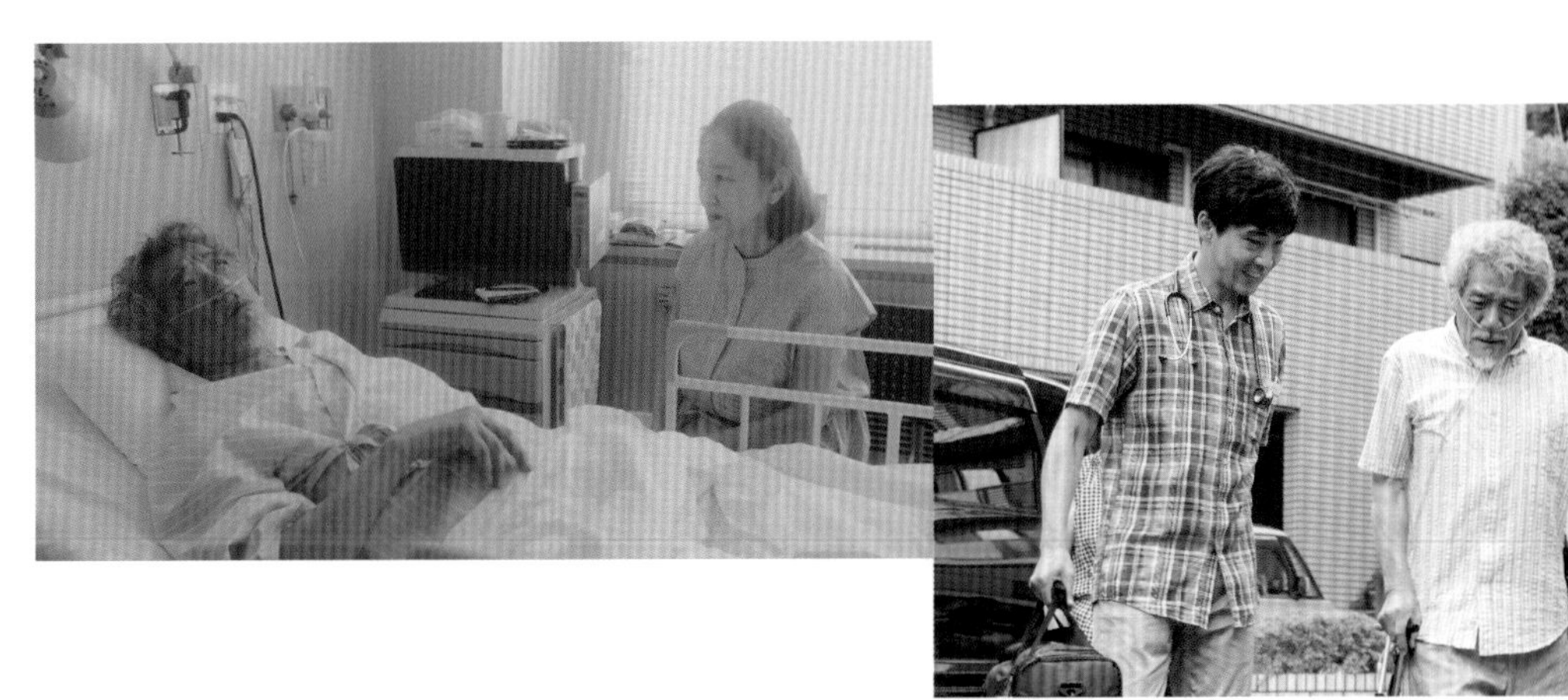

「オットメ、
ごくろうさまでした」
「おう、ありがとよ」

「在宅医に一番大事なことって何なんでしょうか」

「人間を好きになれ」

「先生よ、一杯付き合ってくんねえかな。目の黒いうちにアンタと呑っときたかったんだよ」

「先生、台風上陸です」

「今から向かいます」

「完璧だよ、あっぱれだ、本多さん」

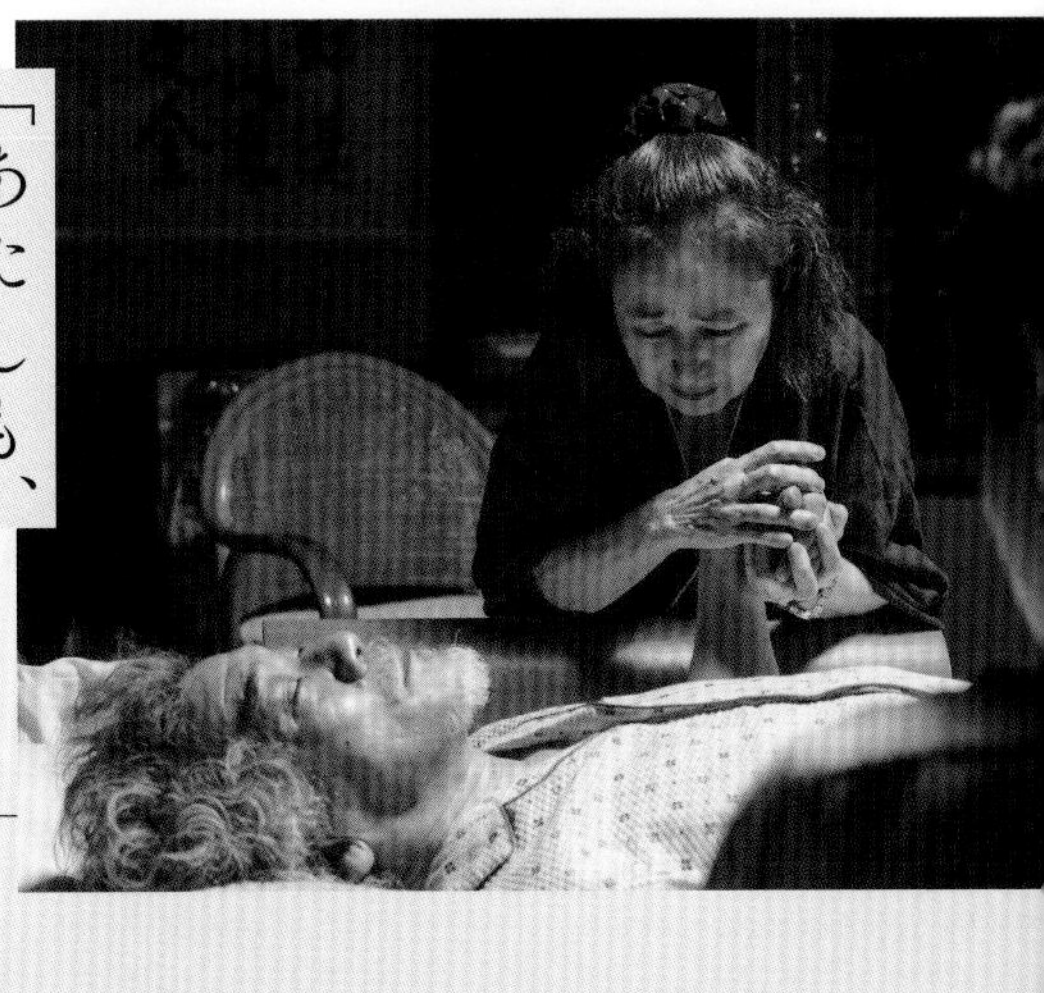

「あたしも、もうすぐ行くから……もうすぐ行くからね」

この映画が、死に方／生き方を考えるひとつの提案になったらそれでいい

監督・脚本

高橋伴明

Interview

たかはし・ばんめい●1949年5月10日生まれ、奈良県出身。1972年に『婦女暴行脱走犯』で監督デビュー。以後、若松プロダクションに参加。60本以上のピンク映画を監督。1982年『TATTOO＜刺青＞あり』でヨコハマ映画祭監督賞受賞。以来、脚本・演出・プロデュースと幅広く活躍。1994年『愛の新世界』で、おおさか映画祭監督賞を受賞し、ロッテルダム映画祭で上映された。主な監督作品:『光の雨』(01)、『火火』(04)、『丘を越えて』(08)、『禅 ZEN』(08)、『BOX 袴田事件 命とは』(10)、『赤い玉、』(15)など。

カミさんが「やっと振り出しじゃないの」と言った。その瞬間に、そうかと気持ちが変わった。

——高橋監督の作品は、今までも死の匂いがする作品は多々ありました。しかし、ここまでストレートに「死に方」をテーマに選ばれたのは今作が初めてですね。映画監督としての、社会的な責務のような思いがあったのでしょうか。

責務と言うと大そうなことになると思うのですが、これは本当にひとつの提案であって。何も押しつけるつもりはないんです。観た人がどう受け止めるのかという提案。誰しも、「死」というものにこの先必ず、関わるわけじゃないですか。だから今作は、ひとつの提案、ひとつの役割になったらいいなと。

もともと俺は、映画のテーマにはいつも、何でもいいから、「アンチ」を見つけて作っていたんです。お前のこのセリフはイヤだとかね。もっと単純に言うと、いつも敵を探していた。特にピンク映画の時は、それだけでやっていたと言ってもいい。でも俺自身が経験を重ねて、年を重ねてきて、それだけじゃいかんだろうと思うようになった。アンチを表現することによって、「こういう生き方や、死に方もあるんじゃないか」と提案しようという気分になってきたんです。

——コロナ禍の中で行われた湯布院映画祭（2020年11月）では、観客の方から、高橋監督のこれまでの作品と比べて、丸みが出たという感想もありました。

尖っていた時代が、今となっては懐かしいですよ。やっぱり、歳とともに自分が変わってきたんだろうね。だから人を許せるというか、最近、頭にこなくなった。

その分岐点となったのが『火火』（2004年製作、田中裕子主演。信楽の実在の女性作陶家の生き方を描いた作品。戸田恵梨香が主演した、2019年NHK朝の連続テレビ小説『スカーレット』も同じ女性を参考にして作られた）の時でね。

最初にあの話をもらった時、こんな文科省推薦みたいな映画は俺らしくない、絶対に作りたくないと思っていたし、その前に映画監督という仕事自体を辞めようとも思っていた。それで、周囲に辞める宣言をしたら、カミさん（女優の高橋恵子さん）が、「やっと振り出しじゃないの」と俺に言ったんですよ。その瞬間に、そうかと気持ちが変わった。

振り出しに戻ったならば、絶対にイヤだとか、恥ずかしいというところに踏み出してもいいかなという気になったんですね。そこから視界が変わってきたことが、以降の作品に影響しているんだろうと思いますね。

——映画の前半は『痛い在宅医』という原作があり、後半は監督の創作による物語でしたが、創作の部分の発想は、どういうところから生まれてきたのでしょうか。

それは原作を勝手に読み取って、長尾さんが言いたいのはこういうことなんじゃないの？　というところでの発想です。監督商売というのは、想像力。あとはそれに自分の気分を乗っけていく。他の人はどうか知りませんが、自分はそうやってストーリーを作っていきます。

俺ね、喋るのは下手なので台本にしないと表現できないんですよ。普通なら台本の前にプロットを上げて、ハコを作って……という過程があるけれど、俺はそれがダメなんですよ。だから、もう書いちゃえ！　と思って1週間くらいで台本を書き上げたんです。

——台本に描写する中で特にこだわったところはありますか。

それはやっぱり、「こういう死に方をしたい」という自身の思いが根底にあります。け

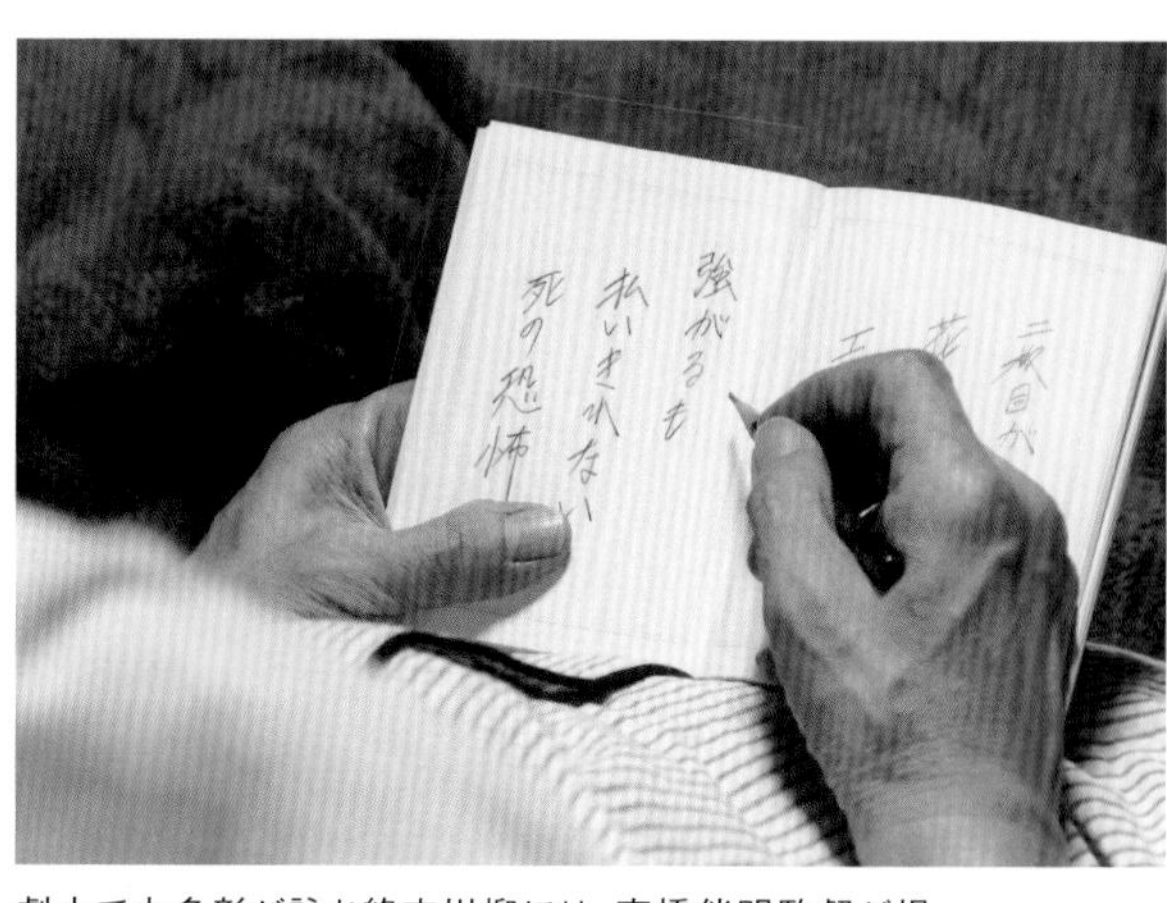

劇中で本多彰が詠む終末川柳には、高橋伴明監督が提案する生き方、死に方に通じるメッセージが込められている

れどもドーンと重い映画には最終的にしたくなかった。これは人に見せるための映画だということを考えた時に、〝川柳もどき〟が浮かんだんです。

監督って、映画表現の中で思いを言いたがるものじゃないですか。それをやっていると映画は終わらないので、ここはこれを言いたいんだよということを、後半に登場する、宇崎竜童演じる本多彰の川柳で表現したらいいと。これがいちばん苦労したところでしょう。

――ここまで長い分数を割いてリアルに人の死に様を描いている作品はかなり珍しいと思います。特に前半の下元史朗さん演じる敏夫の最期は壮絶でした。どうしてこれほど死について、ある意味生々しく描こうと思われたのでしょうか。

前半の死のシーンをしっかりとやっておかないと、後半部分に繋げられない。河田の成長を描く上で、前半の死に様や、身近に寄り添う人の心の痛み、その根底にある医療の負の部分をさらけ出す必要がありました。

演じる側も、あんな紙おむつ姿でひたすら苦しむ役なんて、たいていの俳優なら拒否しますよ。それを下元史朗は、俺が伝えた以上に演じてくれましたよね。

下元とはピンク映画時代から40年以上の付き合いがあって、俺は俳優として高く評価しているんです。

――伴明ファンから評価の高い、小林秀雄が絶賛したという噂もある伝説のピンク映画『襲られた女』（1981年製作）を始め、多くのピンク映画に出演されていますね。

下元とはこれまで3回くらいケンカ別れをしているけれど、どうしても彼に戻ってきてほしかった役なので、プロデューサーにキャスティングを強く希望しました。

――娘の智美を演じた坂井真紀さんが、河田医師に怒りをぶつける姿も印象的でした。

苦しみ、悶える父を看取った智美が、河田に「私の心が痛いんです」と怒りをぶつける。このシーンがまさに、映画の肝でした。

智美を演じた坂井さんとは今作が初めてで、役に関して俺からあれこれ伝えることはなかったけれど、「わかりやすい芝居は嫌いなんだよね」みたいなことをチラッと話したと思います。それもあって、彼女は智美の複雑な内面の部分を自分なりに探り、表現していたと思うんです。その抑えた演技の中にも、最後の怒りまで持っていく流れがあって、彼女の表情を見ていたいという興味がすごくありましたね。

――後半、本多彰の妻・しぐれを演じた大谷直子さんの存在感もさすがでした。

直子、良かったね。彼女とも今回の作品が初めてになるんです。今まで仕事をしたことはないけれど昔からの知り合いで、いつかは仕事をしてみたいと思っていました。あいつの人生もチョロっとは知っているし……ああ

人生を生きてきて死を前にジタバタもする。それがね、やっぱり人の姿だと思う。

いう、歳をとったからこその人生の機微みたいなものを演じてくれるという確信があった。それに彼女自身が、がんという病と向き合ってきたからね。〝私は死ぬまで生きてやる〟というような彼女独特の姿勢が、今回のしぐれ役にハマりました。

——見送る側のリアリティというのが、大谷さんと坂井さんとは対照的でした。しぐれが、夫の手をずっと握って静かに見送るというのは監督のアイデアだったのでしょうか。

いや、彼女自身がそういうふうに台本を読んで、演じたことです。夫の死期が間近に迫っていることを悟った時、すぐさま台所へ引っ込んで、蛇口の水を出しっぱなしで洗い物を始めるのも彼女のアイデアでした。台所で単純にヨヨと泣くとかは、俺もイヤだなと思っていたけれど、何かしていないと気持ちが受け止められない、嗚咽を聞かれたくなくて、流しの音でごまかすなんていう女性の行動心理までは俺にはピンと来なかった。男の感覚からすると、なんで急に洗い物？　みたいに思えるけれど、あのシーンは周囲の女性たちから「すごく共感できる」と感想をもらっています。

——宇崎竜童さんも本多彰の役で光っていらっしゃいました。監督は本多という男に自身を投影されていますよね。

そうですね、半分くらいは投影しているだろうと思います。ただ全共闘に関して言えば、実際に学生運動の経験もあるけれど、マルクス・レーニン主義というのは自分の中ではすでに空っぽになっています。マルクス・レーニン主義では人間は救われないと、はるか昔に思った、実感をしたと言ってもいいと思うんです。

——あの時代に学生運動をやっていた人たちの世代が、これから、死の準備をしなければいけない世代となっていく。そこについて、何か思われることはありますか。

まあ、世代人口が多い分、政治的な世代であったことは確かだと思うんです。だからといって、偉かったとか、威張れる世代だとは思えない。学生運動と絡めて、その延長で今、死を考えている奴らがどれだけいるかというと、いないんじゃないかと。当時、あれだけ死を厭わなかった人たちであっても、人生を生きてきて死を前にジタバタもする。それがね、やっぱり人の姿だと思う。だからこそ俺は、格好よくありたいと思うわけじゃないけれども、でも、これまた格好をつけて潔く死にたいという思いはあるんです。

——本多彰の死に方は格好よかったです。木遣り歌に送られる葬儀のシーンも、大工の棟梁として慕われた本多の生き様を見た気がしました。

昔気質の鳶（とび）の方たちは、仲間内が亡くなった時には、ああいうふうに木遣り歌で送るの

だそうです。大昔に観た東映の任侠映画で、木遣り歌で送り出すというシーンの印象が強く残っていて、自分も映画の中であありうシーンを撮ってみたいと思っていました。湯布院映画祭のシンポジウムで、参加者の一人から『昭和残侠伝 血染の唐獅子』（1967年製作、マキノ雅弘監督）のことではないかと見破られていましたが、鳶職というのは自分の中では特に好きなキャラクターなんです。

でも、撮影するにはいろいろと交渉事が難しく、時間的な問題もあったりしてどうしたものかなと思っていましたが、助監督が粘って頑張ってくださって、あのシーンが実現したんです。

――このコロナ禍の中で、私たち日本人も死を考える時の距離感が大きく変わってしまったと思いますが、監督ご自身の死生観は変わりましたか。

俺はコロナに罹ったらアウトだろうなとは思っているけど、死ぬ時は死ぬだけ。それでいいじゃん、とその程度です。でも、生活そのものはずいぶん変わりましたよ。日常生活は、家に籠るよりもわりと外に出るタイプだったんですけど、俺はタバコのせいで時々、ものすごく咳をするので、外に出ると、周囲の人にコロナと疑われて逃げられることが増えてきてね。それで家に籠るようになった。そうしたら、無性に学習意欲が湧いてきて、家で勉強をするようになりましたね。今までこんなに勉強をしたことなんてなかったな、と思えるくらいに。午前中から夕方、夕食まではずっと机の前でいろいろ勉強をしていたし、酒場に出かけることもなく、家飲みで十分に満足してしまいました。その習慣は今も続いています。

――図らずもこの『痛くない死に方』は、2020年の夏に公開予定でしたが、コロナ禍で延期となりました。日本人の死生観が変わる過程の中での上映になると思います。これは、映画を製作していた時には予期せぬ事態でしたね。

コロナというのは、「死を考える」というよりは「生き方を考える」ということになったんじゃないかな。今までをどう生きてきたかということをそれぞれが考えるための、ある種の啓示みたいなものなんじゃないかなと俺は思っていますけどね。いろいろと陰謀説もあるけどさ。

――最後に、いちばんのお気に入りの川柳はどれですか。

そうねえ、〝川柳もどき〟とあえて言っているんだけど、川柳っぽいのはなんだろうな。あ、ハゲの医者が抗がん剤を勧めるやつ。あれがいちばん川柳っぽいのかな。あとは何か理屈っぽいじゃないですか、実は。

高橋伴明 作【終末川柳】

がん告知
受けて坊さん
首を吊る

丸はげの
主治医勧める
抗がん剤

五七五
川柳もどきで
恥を書く

痛みなく
悔いなき最期
平穏死

延命の
最期は誰も
管だらけ

脱水は
省エネモード
友とせよ

腹水は
抜くなほっとけ
枯れるまで

棺桶が
軽くなるよに
減量中

延命の
家族愛とは
エゴイズム

合法の
麻薬中毒
仲間入り

尊厳を
遠くの親戚
邪魔をする

自尊心
紙のおむつが
踏み潰す

散り際を
打ち上げ花火に
教えられ

強がるも
拭いきれない
死の恐怖

死神よ
今日でも明日でも
ウエルカム

死に水も
人目盗んで
酒にして

百薬の
長とは便利な
言い逃れ

いうことを
きかぬ嬶(かかあ)と
下半身

高橋伴明 作【終末川柳】

性格も
治してくれよ
抗がん剤

良い数値
出るまで測る
血圧計

目的は
延命はたまた
年金か

研修医
俺も一応
人間よ？

ジロウ、タカ
管に名付ける
逝きし友

点滴は
天敵なりと
悟る現在

病得て
今ならわかる
妻の愛

一度だけ
浮気しました
許せ妻

救急車
在宅看取り
夢と消す

簡単にしていくことの、難しさ

河田仁

柄本佑

Interview

えもと・たすく●1986年12月16日生まれ、東京都出身。主な出演作品:『美しい夏キリシマ』(03)、『17歳の風景〜少年は何を見たのか』(05)、『子宮の記憶 ここにあなたがいる』(07)、『ラッシュライフ』(09)、『素敵なダイナマイトスキャンダル』(18)、『火口のふたり』(19)、『Red』(20)など。テレビドラマでは『知らなくていいコト』(20)、『心の傷を癒すということ』(20)、『天国と地獄 〜サイコな2人〜』(21)などがある。

河田 仁／大学病院勤務医を経て、シャインズ在宅診療所で在宅医療に従事する。日々、医療現場に邁進しながらも、自分の中に矛盾や葛藤を抱いていた。そんなとき、末期の肺がん患者である大貫敏夫と娘の智美との出会いによって、在宅医としてのあるべき姿を模索し始める。

――この台本を最初に読まれたときに、どのような印象を受けましたか。

こんな言い方は失礼かもしれないですけど、単純に、いい本だなと思いました。起承転結のあるストーリーが、非常に映画らしくあるように感じ、読みながらどんどん引き込まれました。人間の生き方、死ぬまでの過ごし方がテーマで、タイトルも『痛くない死に方』ですから、ある種の重さが出ていながらも、どこかシニカルな軽さと面白さみたいなものがあって、押しつけがましくならない。それはやはり監督・脚本を務める高橋伴明さんの手腕に他ならないですよね。

僕はもともと、伴明監督の作品に出るということに憧れがありました。だから、監督から新作のオファーがあるかもしれないとマネージャーから聞かされたときには、テーマも役どころも、何も知らずに「絶対にやりたいです！」と即答しました。以前に、何度かオファーを受けられずに悔しい思いをしたので、今回こそは絶対にやりたいという思いが強くありました。でも、まさか主役で出させてもらえるなんて、思ってもみなかったです。

以前、『赤い玉、』に出演させていただいたときには、僕の役は1日で撮り終えてしまったので、今回は、主役として伴明監督と長くいられることが楽しみで仕方がなかったです。

――錚々たるメンバーが脇を固める中で主役を務めること、「死」と向き合う医師を演じることへのプレッシャーなどはありましたか。

医師を演じることは、初めてではありません。生意気な若手医師役や、この作品直後にはNHKの土曜ドラマ『心の傷を癒すということ』の撮影があり、阪神・淡路大震災で自身も被災しながら、被災者に寄り添う精神科医の役を演じました。

――実在の精神科医・安克昌（あんかつまさ）さんがモデルでしたね。若くしてがんで亡くなられた……。『心の傷を～』も、今回の『痛くない死に方』も柄本さんが主演でした。

そうなんです。さまざまな形で、病気と向き合うという役を立て続けにいただいていて。そういう意味では、今回のテーマにご縁を感じるところはありました。

主役を演じることに対しては、気負いであったり、緊張であったりというのが、もともと僕にはないんです。主役の人のほうが、現場に行く日数が多くて、寝る時間が少ないというくらいのことでしか思っていないですから。

むしろ1日だけ現場に入るような、そうした役のほうが実は難しいんです。主役の場合は、毎日毎日、現場に行ってスタッフの方々と仕事をしていく中で、じっくりと役柄を作っていける。監督をはじめ、みんなでもって主役を作っていける過程があります。

たとえばワンシーンしか出ていない人というのは、現場ででき上がった世界の中にパーンといきなり入って演じなくてはいけないわけです。そっちのほうが大変な作業というか、準備していかなくてはいけないものが、すごく多い気がします。そっちのほうが、緊張もしますね。

——柄本さんの演技は作品ごとに全然違って、役によって顔つきまで変わるとメディアで高く評価されていますが、どのように意識をされて演じているのでしょうか。

自分に何か特別なことができるとは思っていないです。セリフを覚えること、そして現場に行ってセリフを言うことを、単純に「仕事」としてやっていました。

でも、ここ最近は、ちょっと変わってきましたかね。せっかくやるんだったら、楽しみたいな、というような気持ちが出てきました。以前は、仕事なんだから別に楽しむ必要もないよな、と思ってやっていましたから。

——意外と淡々とこなしている。

もちろん、純粋に映画が好きだし、映画の現場にいることができるという喜びは、毎回毎回感じてはいました。実際に〝楽しいな〟と思えるかどうかは別として、なんとなくベクトルが〝楽しみたい〟というほうに向いているという以外は、やっていることもそれほど変わらないし、表出されるものもそこまで変わっていないと自分では思っています。

ただ、作品によって、それぞれ自分の中でひとつテーマを持つというか、今回は、こんなふうにやれたらいいなぁ、あんな役者さんみたいな佇まいでいれたらいいなぁと、そういったことも多少は考えています。

——柄本さんは、映画好きでも知られていますが、年間何本くらい観ているのですか。

今はせいぜい年間100本程度です。中高生の頃は映画館で年間250本くらいは観ていました。映画を観に行くと言うと、親が小遣いをくれたし、高校生になってからは俳優の仕事をしていたので、自分のお金で観に行ったりしていました。

あの頃に比べたら、今はまったく観に行けていないですね……。映画が好きでこの世界に入ったので、忙しくさせてもらっているのは本当にありがたいことではあるのですが、映画を映画館に行って観なくなったら、自分としての価値は1ミリもないとどこかで思っているので、多少忙しくても映画館に行くことだけはサボれません。

今はネット配信で、いつでも、いくらでも観られる環境があるし、DVDも4、5年前には500本くらい持っていたので、今はもう少し増えていると思います。でも、自宅で映画を観ることはほとんどありません。DVDはあくまで、大好きな作品を手元に置いておきたいというコレクションであって、そもそも僕は2時間もテレビの前に座っていられないタイプです。

映画館に行ってもスクリーンの真正面からではなくて、一番前の一番下手の席、A-1番とかに座って観ています。真ん中の席でドンと構えて観ると、なんというか、受け止めきれなくて。端っこから観ているのが、いちばん観やすいと感じるんです。

——中高生の頃からすでに映画へのこだわりがあったのですね。

あの時代、あの時期、今もなんですけど、神保町シアターや、池袋の文芸座にはよく行っていましたね。映画を観ながらメモを取る学生とかがいて、動くとどうしても視野に入ってくるじゃないですか。小津安二郎特集とかを観ながら、今のカットで何をメモしたんだろう？　とか、そっちが気になってしまってイライラしながら観ていました（笑）。

映画を映画館に行って観なくなったら、自分としての価値は1ミリもないとどこかで思っています。

でも、映画館でメモすることは別に悪いことではないし、ゴダールやトリュフォーだって、最初は作品を観ながら速記することを勉強させられたらしいですからね。隣にそんな人が座っていたら、映画に集中できなくなりますが、それでもやっぱり映画は、他人とあの空間で観るというのが大事だと感じます。

居合わせた人の中には、その映画が面白いと思っている人もいれば、つまらないと思っている人もいるし、面白いと思っていても寝てしまう人もいて、さまざまな人がいる中の一人として作品を観る、物語を共有するという、そんな危うい関係性みたいなところに映画って存在するんじゃないかと。

良くも悪くも、すべてを含めての映画体験というか、観るというよりは体感するという意味合いが大きいだろうと思います。だから、映画を家でDVDで観るというのは、僕としてはちょっと違う。秒数が出ていたり、巻き戻しができたり、途中で止めたり、そういう環境が映画をナメますよね。家で観ようとなると映画に対して自分のほうが偉くなるし、テレビの前でまっすぐ観るのと、スクリーンを見上げて観るのとでは、この違いは大きいです。

——10代の頃、特に思い入れのある映画館や作品などはありますか。

文芸座ですかね。スクリーンも大きいし、音もいいし。文芸座といっても、僕は昔の頃の文芸座には間に合っていないんです、行ってみたかったんですけど。リニューアルされた新文芸座（2000年に改装）に一番お世話になっています。オールナイトにも行ったし、特集企画もすごく面白いです。毎年4月の第2週は「ピンク大賞」というのがあって、ピンク映画の主演男優賞の特集などもあり、重鎮の方々も来られていて、上野俊哉監督にサインをもらいました。あの特集には、18歳を過ぎてから毎年行っていましたね。

山田宏一さんセレクションみたいな特集にも行きました。トリュフォー特集のオールナイト上映で山田さんがいらっしゃって、サインをもらいました。中高生の頃は蓮實重彦さんの本もよく読んでいましたね。蓮實さんは文体がビビッドなので読みやすく、『シネマの記憶装置』などを読んで、頭がよくなった気になっていました。書いてあることの意味はあまりわかっていなかったけれど（笑）。

でも、そこから引っこ抜いて、気になった映画が公開されたら観に行ったりしていました。あの頃はいろいろ観ていましたねえ、本当に。

——今回、憧れの伴明監督との撮影現場を振り返って、いかがでしたか。

夏の真っ盛りの8月8日にクランクインして、一日一日がとても長く感じられるくらい暑くて大変でしたが、毎日が楽しくて、終わってみたら10日間があっという間でした。

伴明監督の現場は、とにかくスピードが速いんです。たぶん、初日に17シーンくらい撮

らなくてはいけなかったのですが、でも、監督が速すぎて、結局、次の日のシーンも繰り上げてやろうということになり、21シーンくらいを撮ったんですよね。「伴明さん、はやーっ!!」と思いました。

　でも現場は別段、慌てているという感じではなくて、ゆったりと撮っているという空気感なのに、スピードが速い。

――伴明監督はもう少し撮影日数が欲しかったと言っていたようですが。

　でも、10日間というタイトなスケジュールだからといって、速くやらなきゃとか、時間がないから手を抜こう、ということが一切なかったです。やっぱりピンク映画を撮られていた方なので、日数が少なければ少ないほど燃えるのかなとか、勝手に想像していました。

　あと、けっこう長回しのシーンも多かったのですが、セリフが間違いなく出てさえいればOKという感じで進めつつ、ちゃんと見ていてくださって、「ここのセリフの、この顔とこの顔だけは欲しい」みたいに、たまに鋭い指摘が入りましたね。

　冒頭で、僕が演じる河田医師がお看取りの現場であくびをかみ殺すシーンがあるのですが、珍しく監督が何度かあくびを実際にやって見せてくれたりして、メチャクチャ楽しかったです。多くを語る人ではないのですが、こうした演出を加えながら、スピードを維持していく姿に、なるほどこれが、伴明監督の仕事なのだと感心しましたし、とにかく格好よかったです。

――撮影に入る前に、原作者の長尾先生の在宅医としての現場を見学されたそうですね。

　はい、尼崎の長尾クリニックに監督と一緒に行かせてもらいました。在宅医療を受けている患者さんのお宅を、長尾先生と一緒に一日回りました。「僕にとって、この町が病棟なんです」と仰っていたのが印象的ですね。

　長尾先生の在宅医としてのスタイルだと思うのですが、病室や診察室とは違い、こちらからお宅に伺うという側なので、いわゆる「先生」という、上からの距離感ではなく接しようとしているんです。お医者様然とした様子が患者さんを萎縮させるのだ、ということがわかりました。患者さんを医師の側に寄せるというよりは、患者さんにこちらが合わせるということを大切にしておられるように感じました。

　長尾先生は普通の医師とはまったく違って、気軽に「こんにちは～、元気にしとった?」という感じで患者さんのお宅に入っていきます。診察するスキルを持った、近所の親しみやすいおじさんのような距離感で接しているようにも見えました。撮影前にお会いして、長尾先生の現場を勉強しておいて、よかったと思いました。

――河田医師の役作りに反映できたのですね。

　前半の河田と、後半の河田で、かなりビビッドにギャップを作るという行程が自分の中で

演出を加えながら、スピードを維持していく姿に、なるほどこれが、伴明監督の仕事なのだと感心しました。

できたかなという感じはします。前半の河田も、在宅医として自分なりに仕事をちゃんとこなしている男ではある。決して悪い医者ではないんです。だけど、映画の中で前半の河田が若干、ヒール気味に見えて、それで後半は親しみやすいお兄ちゃんになれたらいいなということで、河田の見た目にも変化をつけたいと思いました。

衣装合わせのときに、監督が、「河田に眼鏡はいらないね」と言っていたのですが、クランクインの前日か2日前に、やっぱり眼鏡はあったほうがいいんじゃないかと思い始め、眼鏡をかけた自分の写真を添えて「やっぱり眼鏡をかけたいんですけど」と、監督にメールを送ってみました。それで監督のOKが出て、前半の河田は眼鏡をかけているのですが、実はあれは、僕の自前の眼鏡なんです。

他にも、何か明確な差があったらいいなと考えながら、長尾先生から聞いた白衣の話を思い出しました。白衣はある種の攻撃性があって、患者さん側も構えてしまうのだそうです。だから、長尾先生は白衣を着ない。そこから発想を広げて、ちょっとおしゃれな眼鏡をかけることも、患者さんに対してある種の攻撃になるんじゃないかと考えました。

おそらく、大病院に勤務していた頃の河田は、そんな眼鏡じゃなかったのだろうけど、在宅医になってからはちょっとお洒落な眼鏡をかけていて、やがて在宅医の先輩である長野に相談し、自分の中で咀嚼した上で後半の河田は白衣を脱ぐことにした。同時に、眼鏡も攻撃性があるからやめて、コンタクトレンズに変えた……これは物語の中に描かれてはいませんが、演じる上での裏どりというか、眼鏡を外す理由が、自分の中で明確になると思ったんです。

――特に思い入れのあるシーンや、大変だったシーンはありますか。

河田が自分の診断ミスを認め、坂井真紀さん演じる智美に謝りに行くシーンですね。他の作品などでも、クランクインする前に、監督やスタッフとの話し合いの中で、「この台

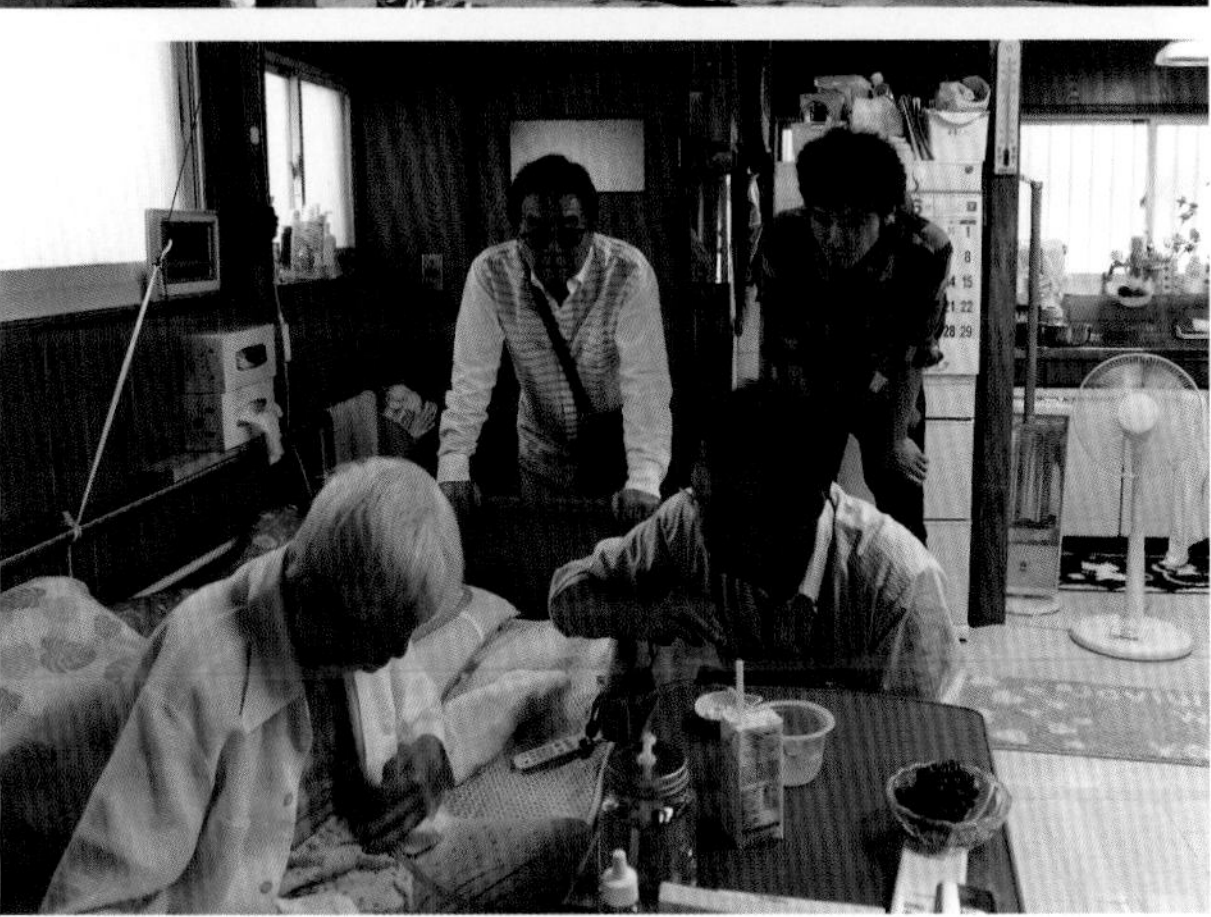

原作者・長尾和宏医師の往診に同行し、高橋伴明監督とともに在宅医療の現場を見学した

本、どうですか?」とか「この役についてどうですか?」などと聞かれることがありますが、僕は撮影が始まってみなければわからない人なので、その時点では、明確に答えられないことが多いんです。

台本というのは2次元のもの。それが3次元に立ち会ったときにどうなるのか、というのは、その現場ごとに変化してくる。だから、智美に謝るシーンも、僕の中では最初はもっとフラットに淡々と謝るつもりでいました。でも、在宅医療を選んだ自分が、父親を苦しませ、死なせてしまったのだという複雑な罪悪感に駆られている智美を前にしたとき……人を死に至らしめてしまったら、そんなふうに淡々と真摯に謝るというのは違うと感じて、本番では謝り方を変えました。今さら頭を下げたところで、取り返しがつかない、顔向けもできない、先生然としてやってきた自分の驕りみたいなものに気がつき、悔恨の念に苛まれる河田の姿は、しっかりと見せておきたいと思いました。

それから、医療作品の難しさという点では、後半、宇崎竜童さんが演じる本多彰と病室で対面し、リビングウイルについて説明するシーンの長ゼリフが大変でしたね。

大谷直子さん演じる奥さんに、「これから台風がきますけど、慌てないで」と、最期が近づいていることを宣告するシーンも難しかったです。専門知識がない僕らは、医療用語の意味をそこまで深く理解できてはいないかもしれない。それでも、なんとなくハッタリをかましながら、説得力があるようにしゃべらなくてはいけないわけですから。これがたとえば、救命病棟で対応する医師の役なら、早口で「あれ用意して！ これ用意して！ 酸素濃度は…、心拍数は…」って、さらに大変なのでしょうけれど。

——終盤、縁側で本多夫妻と一緒に花火を見てお酒を飲むシーンもすごくよかったです。

今作のほどけた感じの宇崎竜童さんは、白髪が格好いいし、一緒にいて、「スゲーいい！」と思いました。お芝居をしていても、セリフが響いてくるという感じが、やっぱりミュージシャンなのでしょうね。人間力のすごさを感じます。

宇崎さんのような方とご一緒させてもらうと、演技として表出されているものというのは、人生経験の氷山の一角なのだという気がしてきます。でき上がった、具現化された役や作品を僕たちは見ているけれど、表に出てきているセリフや動作よりも、その奥にある、人間そのものに魅せられている。宇崎さんとご一緒してみてそう思いましたね。

落語家の柳家小三治師匠が「芸なんて、できる限りのことしかできない。あとは人です」と仰っているのですが、宇崎さんは、それを彷彿とさせました。大谷直子さんや、余貴美子さん、奥田瑛二さんにしても、役を見ているのだけれど、結局はその人の人生や経験を

表に出てきているセリフや動作よりも、
その奥にある、人間そのものに魅せられている。

見ることになってしまうんだなあ……と感じながら、共演させていただきました。

奥田さんとは『赤い玉、』でも共演をしていて、現場では若干の気恥ずかしさもあるんです。だけど同時に、謎の安心感はありますよね。芝居をしながらふと顔を見たときに、義理の父がそこいる。しかも今回の物語の中では、医師として尊敬する大先輩で、自分に影響を与える役でもあるわけですから、よけいに気恥ずかしいような、何とも不思議な感覚で向き合いましたね。

——伴明監督の現場の楽しさは、想像以上でしたか。

はい、監督が本当に格好よかった。もう毎日楽しくて、だからといって何の反省もなかったというわけではないのですが、毎日、毎日、伴明さんの「ヨーイ、ハイ！」の掛け声が聞けることが本当に幸せでした。

一度、インターンなのか、映画を学んでいる若い学生さんが撮影現場にアシスタントで入っていたときに、監督が、「君たち、このシーンのテーマは何だ?」と問いかけていたことが忘れられないですね。生徒さんも真剣に考えて、いろいろと答えるのですが、「おい、そんなに難しく考えるな、もっと簡単なテーマだよ」などと言いながら熱心に指導されていました。

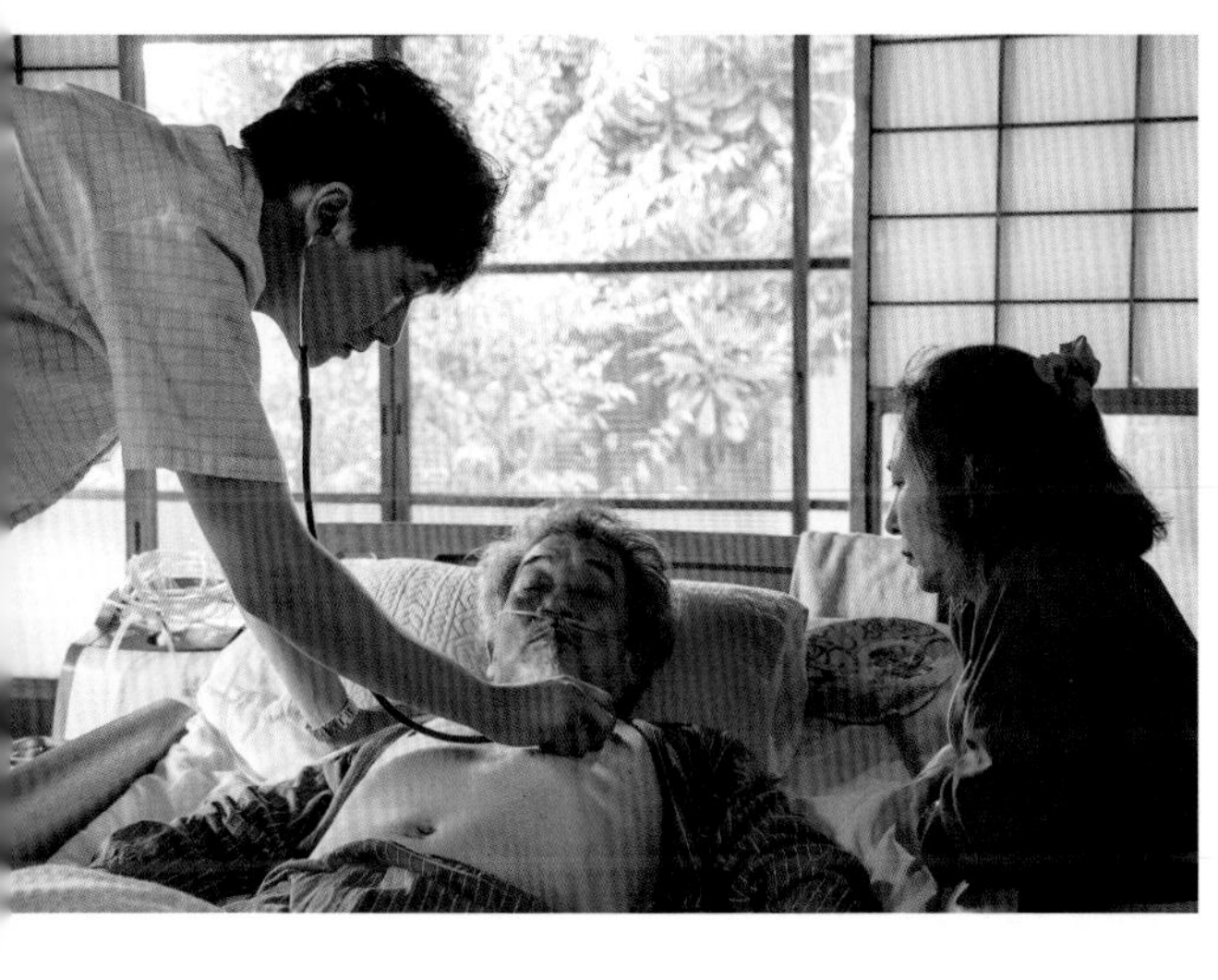

——考えるな、感じろ、と。

生徒さんも、監督を前に深いことやひねったことを言おうとしていたのかもしれませんが、監督が求める答えとは違っていたのでしょう。あのときの生徒さんの緊張感は、僕にとっても緊張した瞬間でしたし、演じる上で考えさせられる、いい機会でした。

うまく言えませんが、「簡単にしていくことの難しさ」というか、きっと台本を書くときにまず考えなければいけないことは、難しい言葉を並べるのではなくて、一言で伝えるというようなことなのではないかと思います。本を書いているわけではない、台本ですからね。たとえば、芝居にしてもそうですけど、「うわー、あんな芝居は僕にはできないな」と思わせることはむしろ簡単で、「面白そう、俺にもできそうだな」と思わせながら、いざやってみたらできなかったと、そういう芝居をすることのほうが、よっぽど難しいのだろうと思います。今回の現場は、スピード感も含め、簡単にしていくことの大切さを学ばせていただきました。

——最後に、柄本さんご自身は、どんな死に方をしたいですか？

死に方……。何か、難しいな。

今はまだ想像がつかないです。死に方とかはまったく考えてはいないけれど、「あれを、こうしておけばよかった」という後悔みたいなものがあまりなくて、楽しかったことばかりの走馬灯が見られるように、今を生きていければいいかなと思います。

役者には終着駅はない

長野浩平

奥田瑛二

Interview

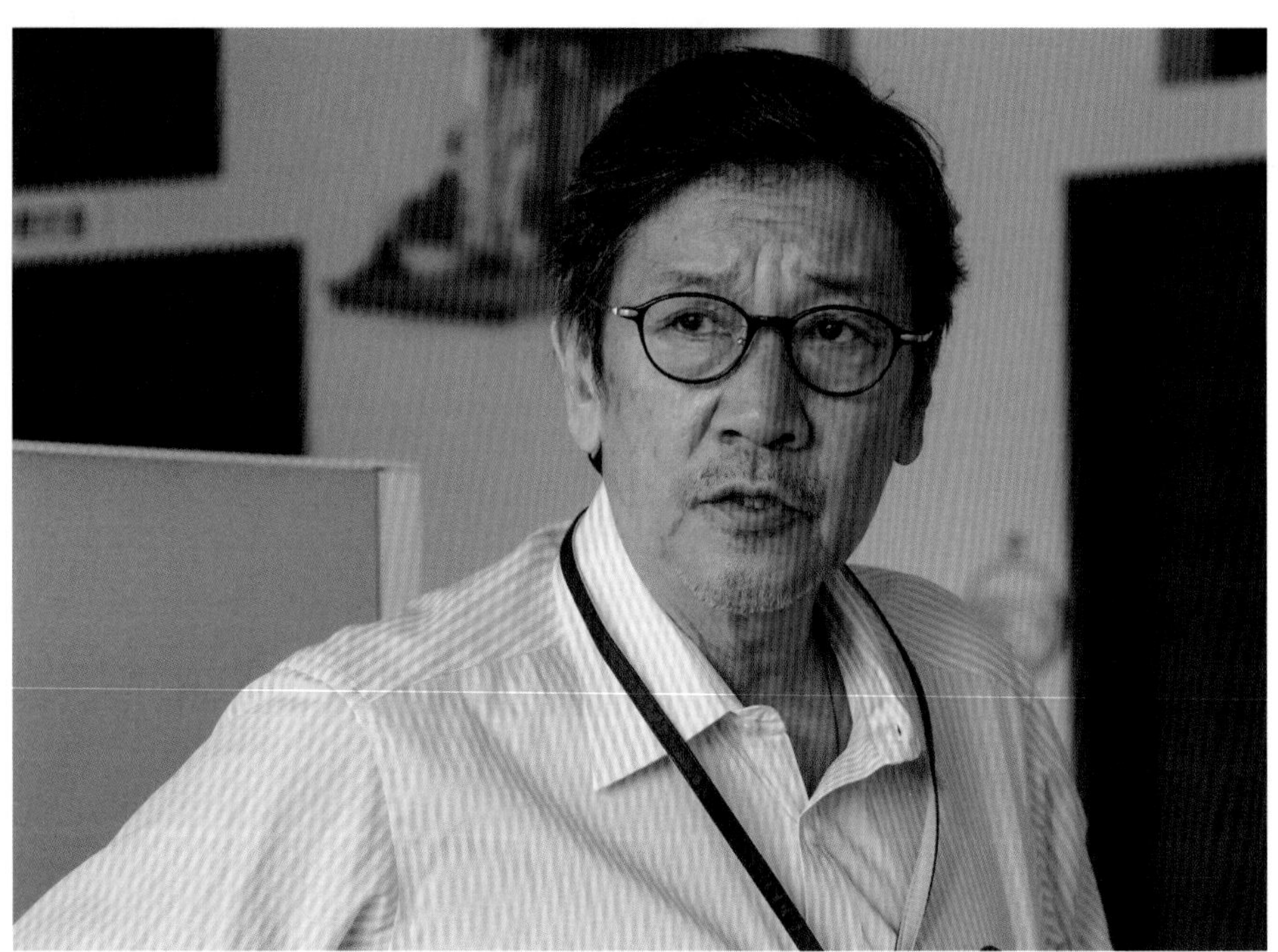

おくだ・えいじ●1950年3月18日生まれ、愛知県出身。主な出演作品:『もっとしなやかに もっとしたたかに』(79)、主演『赤い玉、』(15)、『64-ロクヨン-』(16)、『散り椿』(18)、主演『洗骨』(18)、『10万分の1』(20)など。主な監督作品:『少女〜an adolescent』(01)、『長い散歩』(06)、『今日子と修一の場合』(13)などがある。

長野浩平／板橋在宅ケアクリニック院長。後輩医師である河田からの相談を受けて、診断ミスの可能性を指摘する。河田を自身の診療現場に同行させるなど、患者の病そのものの断片を見るのではなく、患者の「人生」を見て寄り添う在宅医としてあるべく姿を伝えていく。

——台本を最初に読まれたときに、どのような感想を持たれましたか。

これはすべての家庭の方たちに身近なことで、僕も妻（安藤和津さん）も自分たちの両親で経験したことです。特に妻の母親とは東京で同居していたので、入院から在宅になって最期を看取りました。自分の両親の臨終には立ち会えなかったものだから……。それこそ役者をしていると仕方がないことだろうという思いもあります。そういう意味では義理の母の臨終に立ち会えた、そこにいられたということが、言葉として当てはまるかどうかはわからないけれど自分としてはありがたかったですね。

そのときのことを振り返ってみても、いい先生ではあるけれど、病院の体制が追い出すというしか言いようがなく、お義母さんを自宅に引き取ることになるわけです。病院にあるような電動式ベッド、点滴のチューブなど何から何まですべて自宅に揃えました。その頃には認知症も入っていました。その認知症に至るプロセスも8年くらいあって、妻もそのときのことを綴って出版したりもしています。僕も今回『痛くない死に方』では、そうした家族の心情も含めて、経験してきたことをちゃんと整理して演じようと思いました。

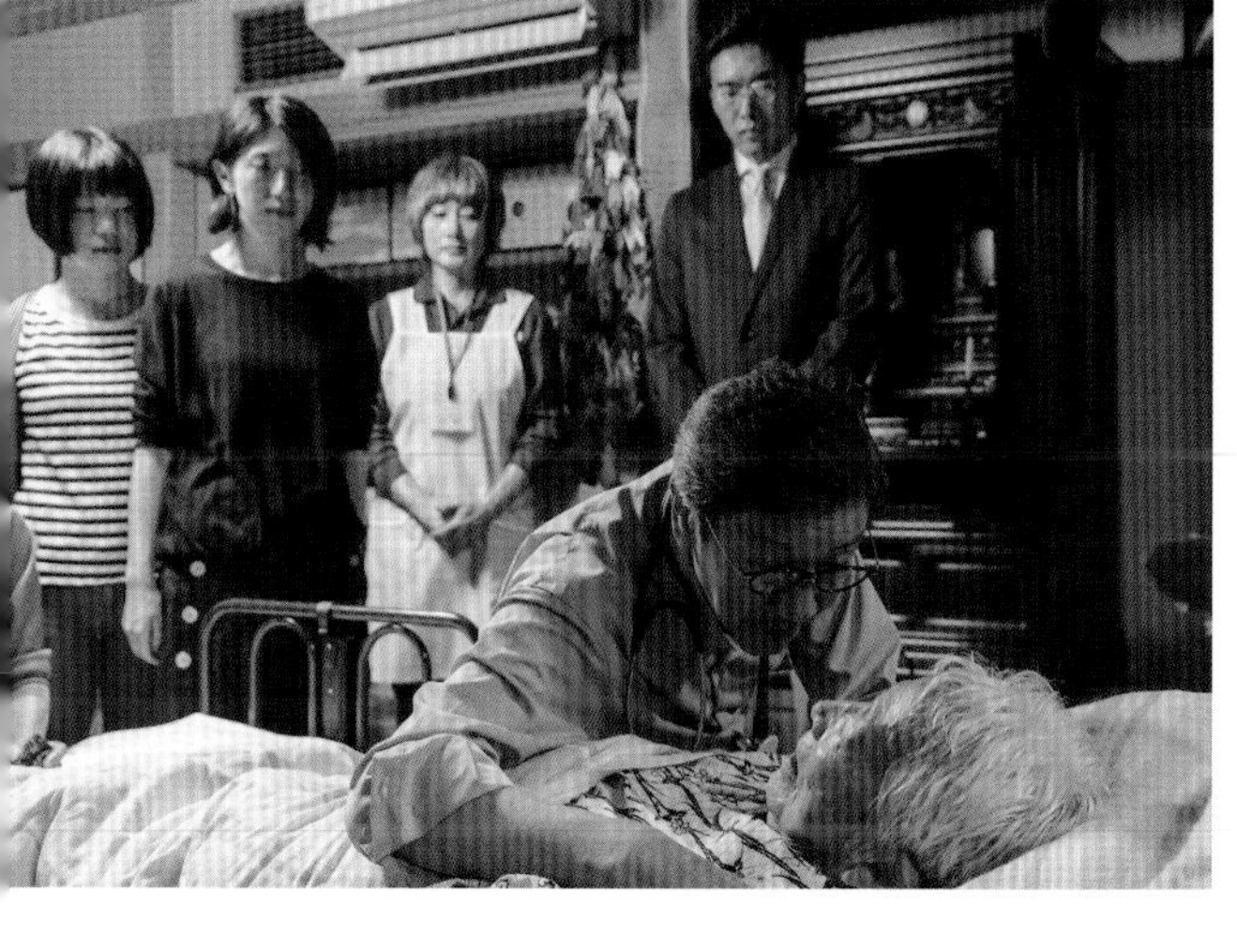

——お義母様は、長尾先生がいう「平穏死」のように穏やかな最期だったのですか。

穏やかでしたね。脳腫瘍があり、そこから認知症になって83歳で亡くなったのですが、途中までは口から食べることができていたのに、終末期にはそれもできなくなっていました。点滴をして、痰を機械で吸引し、水も最初はガラスの容器から飲んでいましたが、スポイトで少しずつ口に入れたりして。そういうことを家族全員でやっていて、長尾先生が原作に書かれているように、自然に枯れていく感じというか、人の自然な形での亡くなり方なのでしょう。それはもう本当に穏やかな最期でした。

その日は僕とお手伝いさんが家にいて、僕が奥で本を読んでいたら、お手伝いさんが「旦那さん、旦那さん」と呼びに来て「おばあちゃまが！」と言うのですぐに行きました。山に行くと清水が湧き出るときの、「ポン、ポン」という音がしますよね。まさにその瞬間、口からその「ポン」という音がして、開いた口から玉がフワーっと浮遊して、フワっと消えていった。「あら、なんだこれは……魂か？」と、まるでお義母さんの肉体から第三者が離れていくみたいでした。

そのあとで僕はお義母さんに馬乗りになって心臓マッサージをしたんです。以前、心臓外科の研修医の役や、『海と毒薬』という映画でも医者の役を経験していて、「1、2、3、4、5」と、間合いや力加減を覚えていたこともあって自然と体が動きました。そして「今、何時？」とお手伝いさんに聞きながら、時刻をちゃんと見て記録しておくように指示

奥田瑛二 Interview

しました。しばらくして「亡くなったな」「書いておいて」というようなやりとりをしているところに、家族が帰ってきました。

——長野医師役に説得力があったのは、自身の経験や思いが重なった部分もありますか。

役を作るときはだいたいそうですが、医学的なこと、専門的なこと、いろんなことのレッスンを受けたりして自分が知っている限りの経験を自分のライブラリーから出してきます。そうだったな、ああだったなと、どうリンクするのかを確認しながら、新しく勉強しなきゃいけないところなどを探ったりもします。今回は単に医者という役ではなく、在宅医療の現場を舞台にした、息子のような後輩の成長記録みたいなもので、自分が今まで経験してきたフィードバックをちゃんと整理し、プラスしていって、自分なりの「長野浩平」という医師が表現できればいいなという感じでした。

もちろん、長尾先生にもお会いしています。初めてお会いしたのは衣装合わせのときでしたが、長尾先生の第一印象は「なんだ、やっぱり台本どおりジーパンをはいているじゃん」と、その親しみやすさですよね。だったら僕がジーパンをあんまり格好よくはいてもいけないと思い（笑）、ちょっと外した、チョイずれのジーパンスタイルにしようと衣装を決めました。そういう意図は監督もわかってくれていますから、安心して臨むことができました。

年を重ねた分、佑が演じる後輩の河田医師に対してどんなふうに導いていくか。ただ導くだけじゃなくて、人として、医者としてヒントを与える、そういう役だなと思いました。長野との出会いがなければ、河田はあのまま、何がいけなかったのかわからないままだった。だからこの映画の中に凝縮された、誰しもが通るであろう終末期というもの、また、それに関わる家族。それらが本当に事細かに情愛をもって描かれているじゃないですか。そういう意味では、この『痛くない死に方』という作品はとても大切な映画だと感じます。

——本作は、これまでの伴明監督作品とは違った位置づけになりますか。

ややもすると、病院とか医療ものはエンターテインメントが過剰になったり、人情ばかりが出ちゃって、優しさだけが残ってしまったりという作品もあるけれど、この映画は「へー、医者ってこうなんだ」というだけでなくて、一人の男の成長とともに、彼がどういうふうに医者として生きていくか、将来も踏まえている。そして坂井真紀さん演じる智美が「痛い、心が痛い」と河田に言いますよね。それもすごいじゃないですか。かと思えば、宇崎竜童さんが演じた末期がん患者の本多彰は、見ていて本当にワクワクしました。笑ったり、ウルっときたりするところが描かれている。すごい映画だなと思いましたよね。高橋伴明よ、お前にもこういう心があったのかと。

終末期というもの、また、それに関わる家族。
それらが本当に事細かに情愛をもって描かれている。

監督と僕とは同じ年齢ですけど、監督は今まではアバンギャルドな作品を手がけてきて、それで『禅 ZEN』をやって、それでまた身近な男としての性の問題を描いた『赤い玉、』、これは僕が主人公を演じていますが、そういう作品を経て、『痛くない死に方』にきた。

監督が自分の中で、残しておかなければいけないと見つけた心のエンターテインメントというか、あれだけ好きなことをやってきた監督ですから、そこに来たかという驚きは多少ありました。僕も同い年としてはわからなくもないけれど、そこは人それぞれだと思うから。監督と役者の関係であると同時に、友人という立場からもいい意味で考えさせられました。

――伴明監督の作品に出るとき、他の作品とは違った思いなどはあったりしますか。

知らず知らずのうちに、一緒に映画を作っているという感覚になっています。俳優として参加するわけですけれど、やっぱり彼の映画に出るとなると自ずと気合が入ります。

プライベートで飲むこともしょっちゅうですけど、他愛のない話ばかりで「最近、どうなんだよ」から始まって、家族の話、孫の話、映画の話になったりして、あっという間に時間が過ぎて、二人とも酔ってベロベロになっています（笑）。昔から知っていたけれど、これほどまで親しくなったのはここ何年かのことです。同じ業界にいながらにして、俳優と監督だけではなくて監督同士というのもあるし、まして同じ年だったりすると、お互いを認め合っているというか、信頼を勝ち取ったというか。裏の背景でいえば、伴明の奥さんの高橋惠子さんとは夫婦役もやっていたりしますから、おもしろいですよね。

映画は好きな監督とやるべきで、どれだけの俳優が好きな監督・尊敬する監督と、俳優人生の中で本数として何パーセントやれるか。あとは新しい人とも一緒にやったりして、自分が納得して演じるということですよね。そこが大事だと思うんです。俳優をしているということは、俳優になりたくてなっているということ。人気者になりたくて俳優になったわけじゃない。たまたま人気も出てきたりすると、迷惑だなと感じて逃げ出したくもなる。それは神様がくれたご褒美みたいなもので。

――自分が納得して演じられるかどうか。それは簡単なことではないですよね。

役者に終着駅はないですからね。理想は決して手に掴めないものであって、それを生涯追い求めるわけでしょ。「よし、やったぜ」と思っても、「あれっ？」となるときもある。かと思えば「ああダメだ、どうでもいいや、バカヤロー」とか思って歯ぎしりをして、「チクショー」と半分やけくそでやった仕事がすごい評価を得たりする。そういう意味では、若い頃はデタラメに足掻いていたけれど、今なら足掻いたってもう、身体がついてこないと思う。でも、性というのは恐ろしいもので、足掻かざるを得ないのが俳優の仕事ですよね。それは役にも年齢にも関わらないことだと思うんです。

――『洗骨』で、酒に溺れるダメ親父を奥田さんが演じたときも驚きました。

照屋年之監督から『洗骨』のオファーをいただいたとき、台本も魅力的だったし、照屋監督の映画に対する心構えというか、気構えというのがすごくよかったんです。僕は最初にお会いしたときに、この映画で奥田瑛二は何をしなければいけないのか、監督は何を望んでいるのかを質問したのですが、照屋監督が「奥田瑛二の目です、それがほしい」と言ったものだから、「目って、何か」と監督に尋ねたら、「目にある、奥にある悲しさ、切なさ」と答えた。

そのときも同じように自分の人生をフィードバックして、訪ねていって、そうかと思って足掻くわけですよね。足掻くことによって、その役が自分に染み込んでくる。そうすると監督が言ったこと以上に、自分がもっと監督を超えてみたいと思い始める。１００点取ってもダメだと、98点なんか言語道断、80点なんてクソ、論外、っていう感じが自分の中にはあります。やっぱり、常に１００点を超える役をしないと、監督に応えただけになってしまうわけです。言われた通りのことをやるんじゃなくて、それ以上のことを監督に見せる、１２０点を取る気持ちでいって目指すのは１５０点みたいに。そこがないといい映画というのはできないし、俳優としてはそれをしないといけない。

――相当なプレッシャーを自身に課すのですね。何がそうさせるのでしょうか。

20代、30代のときに悔しい思いをいっぱいしました。売れたのが30歳からなので、それまでの自分が、とんでもない生き方をしていた部分があったりするものだから（笑）。それは人様に言えるようなことではないのだけれど、役者で売れてきたときに、その年齢にしては経験の引き出しはあるけれど、一部しか使えないという感じでした。あんなだったな、こんなだったなと思っても、それを演じる方法論と肉体で表現する技量がそこまで追いついていない。それは実力というか、基礎がしっかりと身についていないということもあり、改めて基礎を作る訓練をするわけです。たとえば箸の上げ下ろしもそうだし、お辞儀の仕方もそうだし、声の出し方もありとあらゆることをちゃんとやらなければいけない。売れたはいいが、これじゃ持たないぞと思っていろんなことに果敢に飛び込んで勉強しました。そうすると自分の欠点がわかってきます。知らないままやり過ごすと、生まれ持った肉体と顔だけで同じ芝居をして、それでもそれなりに売れるけれど、それ以上のことはできないじゃないですか。せっかく遅く売れたので、今から必死になってやろうと励みましたよね。

――佑さんと一緒のシーンが多かったですが、現場ではどんなふうに臨まれたのですか。

今回の映画においては、伝えることはちゃんと伝えようということが第一義になっていて、現場で佑とほとんど話していません。ひとつには俳優としての心構えをちゃんと見せたいと思っていて、カットがかかってスタッフが準備をしている間も、冗談も何も言っていないし、そういう気持ちで臨んだのがよかったなと思います。

印象に残っているのは、居酒屋で二人並んで飲みながら話すというシーンですね。普段、

「生きるとは、食べること」と言って、
患者さんに食べさせるシーンは特に印象深かったです。

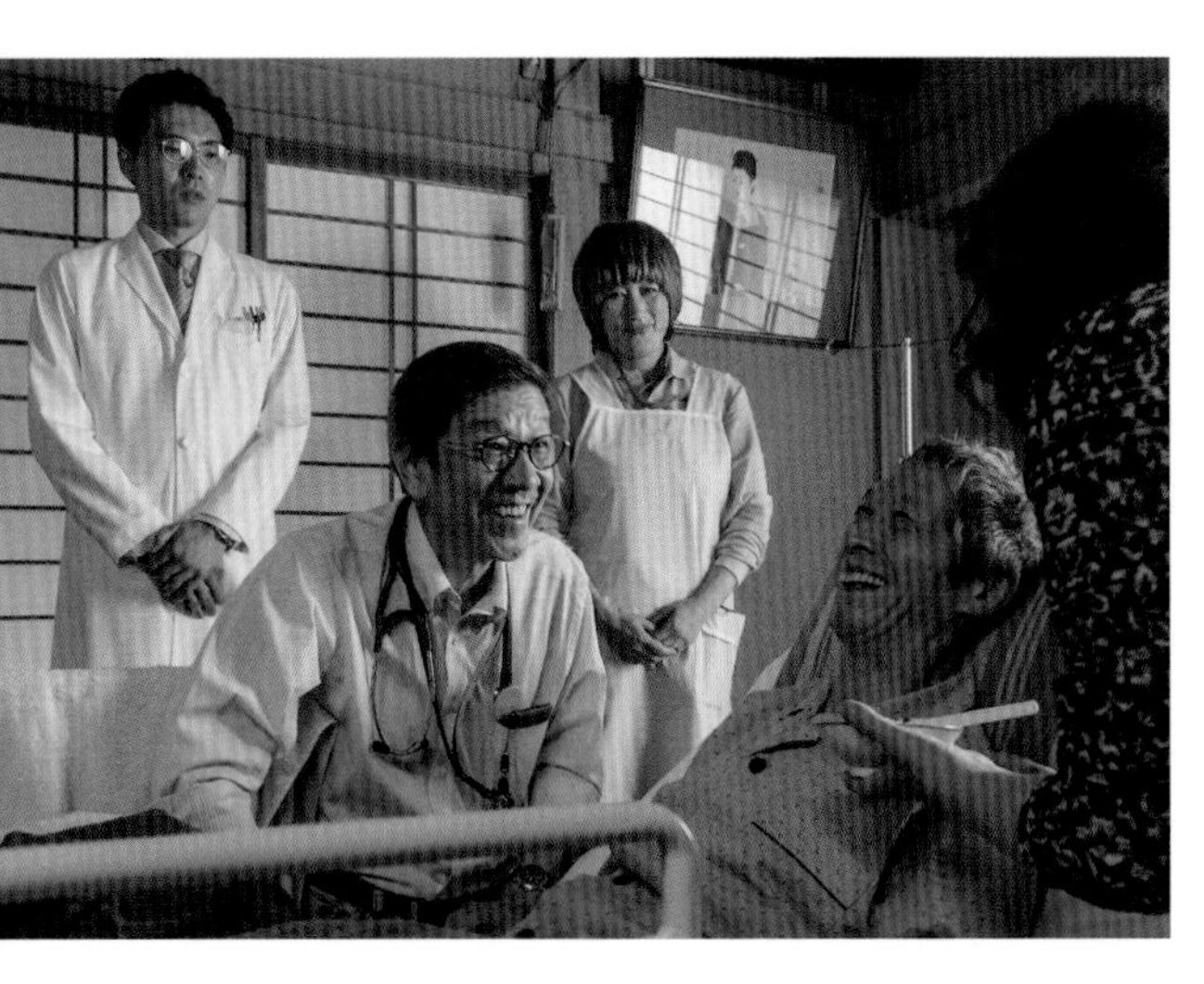

家で食べたり、家族や大勢で食事に出かけたりすることはあっても、二人きりというのはあまりなかった。隣にいるのは佑なんだけど、今は佑じゃないし、飲んでいるのは酒なんだけど、これは酒じゃないし、演じながら妙な感じが僕はしましたね。夜間ロケで、二人で夜道を歩きながらのシーンも好きでした。

「心臓と呼吸が止まっても脳と皮膚の細胞は生きているんだ」など大事なセリフが各所にあるのですが、「生きるとは、食べること」と言って、患者さんに食べさせるシーンは特に印象深かったです。試写を見終わったあとも、生きるとは食べることで、それも元気いっぱいなうちに、いいものを食べることだよなと、腑に落ちた。いいものというのは高級なものということではなくて、いい環境で育った野菜だとか、魚だとか、そういうものをちゃんと口にするということ。20年以上も前から妻が有機的な食材を選んで、家庭で日々食べさせてくれていたので、それは自分としても正しいと思っていましたから。万が一、自分が病人になったときにも、食べることを大事にしてくれるお医者さんに診てもらいたいと、この映画を通して実感しました。

――長尾医師の講演会に来られるのは、8割から9割が60代以上の女性で、「うちの夫は死のことを全然考えてくれない」と異口同音に仰るそうなのですが、どうすれば男性に死について向き合ってもらえると思いますか。

それはね、ご婦人たちも60代以上だとすると、団塊の世代の男たちがいて、その年代以上だったり、団塊の世代にぶら下がっている年齢だったりします。子どもの頃は高度経済成長期で過ごしてきて、70年代に安保闘争があり、世の中がガラリと変わったあとにバブルがバーンときて崩壊して、ジェットコースターのような人生を歩まれてきたと思うんです。女性としてはそれを見守ってきている。その年代のサラリーマンの皆さんは、今現在は人生の句読点、終止符を打っています。第二の人生を夫婦で話し合ったりする時期なのに、自分の戦は終わってしまったと思っていて、そこから立ち回れずにいる。

僕も講演を頼まれて行くと、95パーセント程度は女性です。そのご婦人たちに質問するのですが、旦那さんがお茶を淹れてほしいときに「お茶くれる?」と言う人もいるし「おーい、お茶」「お茶ください」と言う人もいるだろうけど、その何パーセントの人がお茶を淹れてもらって「ありがとう」と言うと思いますか?

「ありがとう」と言う旦那さんがいると挙手される方は、パラン、パラン、ポツン、ポツンとわずかですよ。だったら、女性側からどう仕向けるかという話になる。仕向け方次第で、第二の人生の話も終末期の話もできるということですよ、と。

5、6年前のことですが、うちの妻がお茶を淹れてくれたときに「ありがとう」と言い、

何かしてもらうたびに「ありがとう」と返していたら、最初の頃は毎回「わざとらしい」と言い返されていたんです。ところが半年を過ぎると、わざとじゃないと向こうも思うわけです。そうすると疎通ができてくるわけ、第二の意思疎通が。青春時代と同じような感覚がよみがえりますよ。でも「わざとらしい」と言われたからって、「ありがとう」の言葉を引っ込めたらまた疎通がなくなる。

僕がなぜ「ありがとう」と言うようになったのか、かつて緒形拳さんと撮影でご一緒したときに、緒形さんが自前の筆で「ありがとう」と書いて見せてくれたことがありました。もう15年も前になります。そういうことがきっかけになって、僕も「ありがとう」と敢然と使うようになった。「ありがとう」とちゃんと心から、普通に変な癖もなく当たり前に言えるようになる。そうすると優しくなるじゃないですか。終活のことにしたって、すべてにおいて優しさがないとできないと思います。

――奥田さんはものすごくフェミニストなんですかね。

口は悪いけれど、多分、人が好きなんだろうね。人が好きだから、人を思い、見つめ、考える。僕の中では、人が好きということが何より優先順位1位なんです。昨日も妻に、「最近はいい意味で、スッと引くね。ウダウダと理屈をこねなくなった」と言われました（笑）。

若いときの自分はメチャメチャ頑固でしたよ。田舎者のクソ根性というので生きてきたから。譲らなかったためにブレなかったというのもある。野良犬集団にはならないし、群狼にも入らなかった。一匹狼でやってきたということはそういうことですよね。今でもその一匹狼というのは貫いているけれど、フレキシビリティーに溢れた一匹狼。成長には際限がないということですよ。

――奥田さんご自身は、どのような死に方が理想なのでしょうか。

この取材を受けるから考えたわけじゃなくて、ひとりでいたときにふと思ったのが、「いつ死んでも、死ぬことは怖くない」ということ。死については昔からずっと考えています。だから、絶対に悪いことはしない。なぜならばとてもじゃないけど、刑務所に何年も入るのは息が詰まって耐えられないだろうし、それを考えただけで悪いことはできないし、しないということになる。

でも、人の心を傷つけることは結構してきたなと、そういうところにリンクし始めて、悪いほうをいっぱい考えるわけです。「あちゃー」と反省して、今から全国懺悔の旅に出なきゃいけないと思った時期もあったくらいです。50歳くらいのときでしたけど、今までお付き合いした女性の顔を思い出して、過去の物語が出てくる。今、その女性はどこにいるんだろうなと思いながら、謝りに行かなければならないなと、そういうのが枚挙にい

生きるエネルギーと死に対する恐怖心というのは、矛盾している。でも、そこでイコールになる言葉は「冒険心」

とまがないくらいいるわけだ。「あのときは本当に申し訳なかった」と、全国を回らなければいけないなと、一人ひとり思い出せる限り思い出していましたね。それ自体が、旅をしていることになるのかもしれないと思ったりしながら。

　この映画だったら、宇崎さんが演じた役がそうですね。川柳での表現も見事でしたよね。僕も俳句を詠むから、劇中の川柳に共感しました。俳句はかれこれ30年くらいやっていて、今はもっぱら艶俳句。柔らかく言うとエロ俳句です。いつか一冊にしたいと思って書き溜めている最中で、たまに読み返しては、いいじゃん！　と思ったりしています。

――死ぬことは怖くない、そう思うようになったきっかけはあるのですか。

　先ほど映画監督には年齢に限界がないと話しましたが、新藤兼人監督が１００歳で、ポルトガルの監督のオリヴェイラという人は、１０６歳で亡くなられています。お二方ともまさに生涯現役を貫かれた名監督なのですが、新藤監督が97歳のときに、「俺は95歳で死ぬ」と宣言したら、妻に「そんなに長く生きるの？私はそれより早く死ねないじゃないの」と言われました。僕の家でもそれから3年後に「98歳で死ぬ」と宣言したときには、妻から「私はとても無理、それ以上は」と言われてしまいましたが、なぜ98かというと、尊敬する新藤監督が１００歳で亡くなった。それを超えるという不遜な設定はよくないということで、常にふたつ年を下げていたわけです。

　その目標を立てる以前に、自分の父親が68歳で亡くなっているので、とにかくそれを超えるまでは生きていないと父に申し訳ないという思いもありました。今はふたつ超えたので、そこはクリアできてホッとしています。あとは、母親が72歳くらいで亡くなったので、それは楽にクリアできるだろうと思いながら、映画監督は死ぬまでメガホンを取れるので、じゃあ98に設定しておけばいいだろうと。

――生涯現役で最期を迎えたい。それが奥田さんの死に方であり、生き方ということでしょうか。

　そういうことですね。けれども、もう本当にやりたいことばかりをずっとやってきたので、そういう意味で、死ぬことは怖くないということです。理想を追いかけることに、すごく強い観念があって、それは絶対に手に入らないものだとわかっているけれど、でも理想を追いかけて何かを自分でやったと思うと、志の距離が延びるんです。志もまた、理想と一緒で絶対に手に入らないものだから。そういう意味では、生きるエネルギーと死に対する恐怖心というのは、矛盾している。でも、そこでイコールになる言葉は「冒険心」なんですよ。「チャレンジ」じゃないんです。挑戦ではなくて冒険心。映画はやっぱり命懸けだからね。そういう意味じゃ、ずっと冒険だよね。

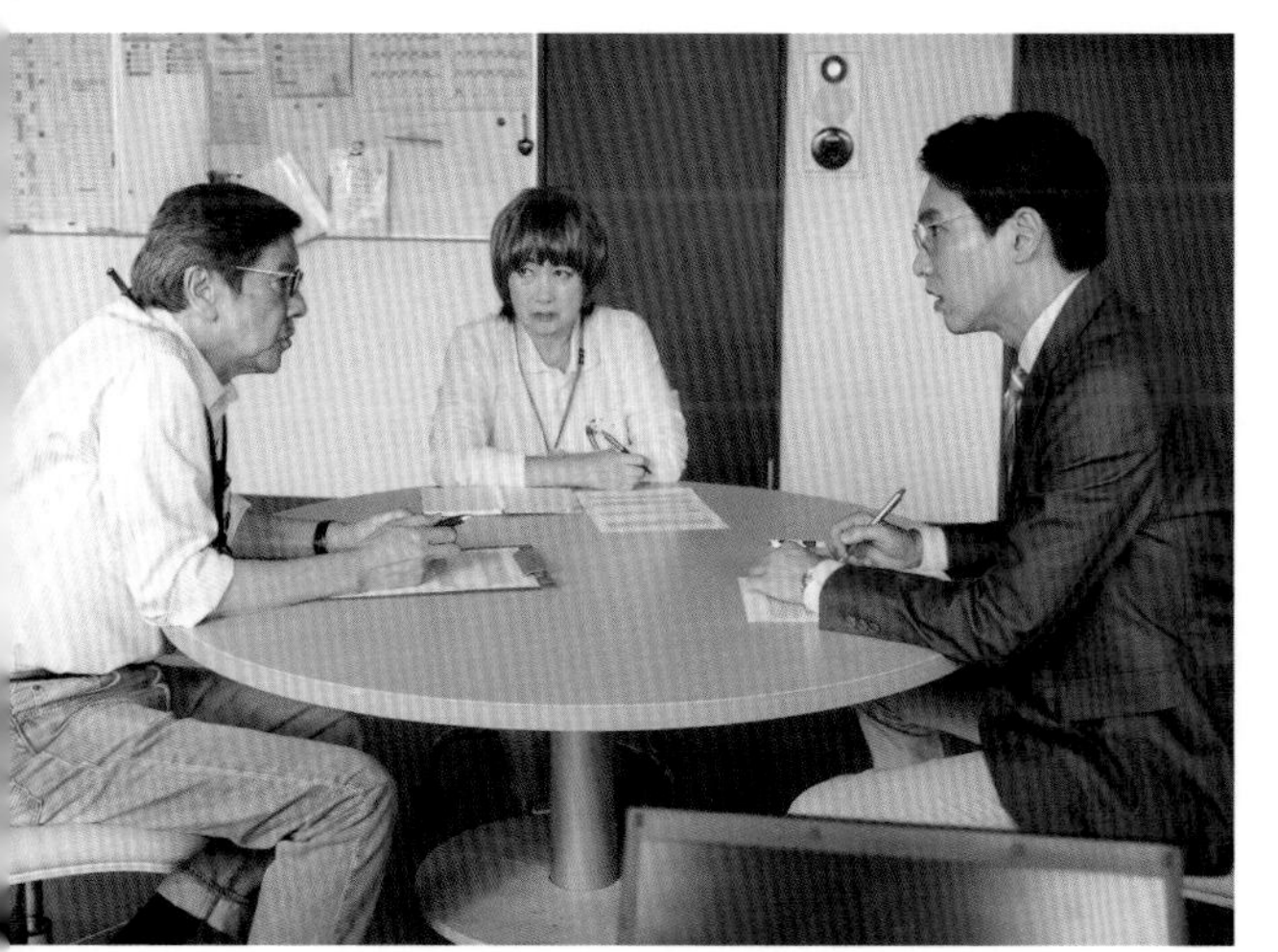

台本には書かれていない「距離感」を大切に演じました

井上智美

坂井真紀

Interview

さかい・まき●1970年5月17日生まれ、東京都出身。主な出演作品:『108〜海馬五郎の復讐と冒険〜』(19)、『架空OL日記』(20)、『宇宙でいちばんあかるい屋根』(20)、『461個のおべんとう』(20)、『滑走路』(20)など。『テレビドラマでは大河ドラマ『いだてん』(19)、『神の手』(19)、『危険なビーナス』(20)、『カンパニー〜逆転のスワン』(21)などがある。

井上智美／手術や抗がん剤治療を拒む末期の肺がん患者・大貫敏夫の娘。医師からリンパ節への転移を告げられた矢先、息ができないと苦しむ父を病院へと搬送。在宅で看取ることを決意して退院させ、紹介を受けた在宅医の河田に、苦しませずに逝かせたいと相談をする。

――智美役を演じるに当たり、どのような思いで臨まれましたか。

最初に台本を読ませていただいたとき、誰もがいつか必ず向き合わなければいけない「死」というテーマを、社会問題にもなっている終末期医療の側面から描かれていて、すごく他人ごとではないと感じました。

演じる中で、私がこだわったのは「距離感」でした。病気だったり、死だったり、親子の関係だったり。人それぞれの関係に、それぞれ違った距離感がありますよね。人間関係だけでなく、どれくらい病気と長く付き合っているか、どんな症状に苦しんでいるのかでもまた違ってきますし。

死期が迫っている父親と、世話をする娘・智美の距離も、ただ病気の世話で大変だとか、本人が望むから家で看取ってやりたいとか、そういう単純な物差しで測れるものではないですよね。そこを自分の中で作っていく作業が一番難しかったです。台本には、人物像や境遇など事細かく書かれているわけではないので、そうした書かれていない部分を深く想像して、より親子らしく見られるように、イメージを膨らませていきました。書かれていない距離感をたくさん積み上げないと、そこで起こっていることが嘘になってしまうので。

――坂井さんはこれまでに、大切な人を看取った経験や介護の経験は？

祖父の臨終には立ち会っています。老衰で亡くなったので、だんだんと弱っていく姿は見ていましたが、苦しまずに最期を迎えられたというのは、今思えば幸せなことかもしれないですよね。

私自身は、介護をした経験はまだありません。今回、智美を演じながら、大往生だった祖父のこと、世話をしていた私の母のことなども思い出していました。映画の中で尿瓶（しびん）を使うシーンがありましたが、祖父のそばにも尿瓶が置かれてあって、子どもの頃の私は「お母さん、嫌じゃないのかな……」と思っていた記憶があります。母はまったく嫌な素振りを見せませんでしたが。私はこれまで、実際には尿瓶を使った経験がなかったので、台本を読みながら、実の父親に尿瓶を使うって、娘はどういう心境でやるのかなとか、慣れたら自然にできるものなのかなとか、想像をするところからのスタートでした。

――冒頭は智美の壮絶な介護のシーンの連続で、「こんなに大変なものなのか……」と、深く考えさせられました。

親子なので、動作のあり方ひとつにも遠慮があってはいけないなと。たとえば、背中を「さする」という動作にしても、友達をさするのと、お父さんをさするのとでは違います。そういうちょっとした動作が嘘にならないようにと、とても気を遣いました。

解熱剤の坐薬を入れるシーンでは、実生活で、自分の子どもに初めて坐薬を入れたときの感覚を思い出していましたね。私が新米ママのときに坐薬をなかなか入れることができず、母に手本を見せてもらったことがあったんです。母は、ホイホイ、ヒュッって、何の躊躇もなく、お尻に坐薬を入れました。あのとき母が見せてくれたように、大したことではないこととして、「はい、やるよ、それっ」と素早く入れることが、あのシーンでは自然なのだと思いました。

――今回、初めて伴明監督とお仕事をされたそうですが、現場の印象はいかがでしたか。

ぜひ一度、ご一緒させていただきたいと思っていた監督でしたので、現場を見るのをとても楽しみにしていました。

「あの時代」を築いた映画人と一括りにしてはいけないのですが、やっぱりものすごいパワーがある監督でしたね。撮影が始まってみると、とにかく速いし、すごくお芝居を見てくださるし、監督の中には、撮る前から正解がちゃんとあるのだろうと感じました。智美のシーンはスタジオではなく、実際に一軒家を借りての撮影だったのですが、8月に家の中にぎゅうぎゅう詰めで、このまま熱中症で死んでしまうんじゃないか、監督が倒れてしまうんじゃないかしらと心配しました。音を拾ってしまうから冷房は使えないんです。スタッフさんが汗だくで、着替えのTシャツを毎日何枚も持ってこないと足りないくらいでしたし、「こんなの初めてだよ」と監督も仰っていましたから。

でも、その暑さからくる疲労が功を奏して、介護で追い込まれていく智美の疲れ切った表情をうまく表現できた部分もあったかもしれませんね。

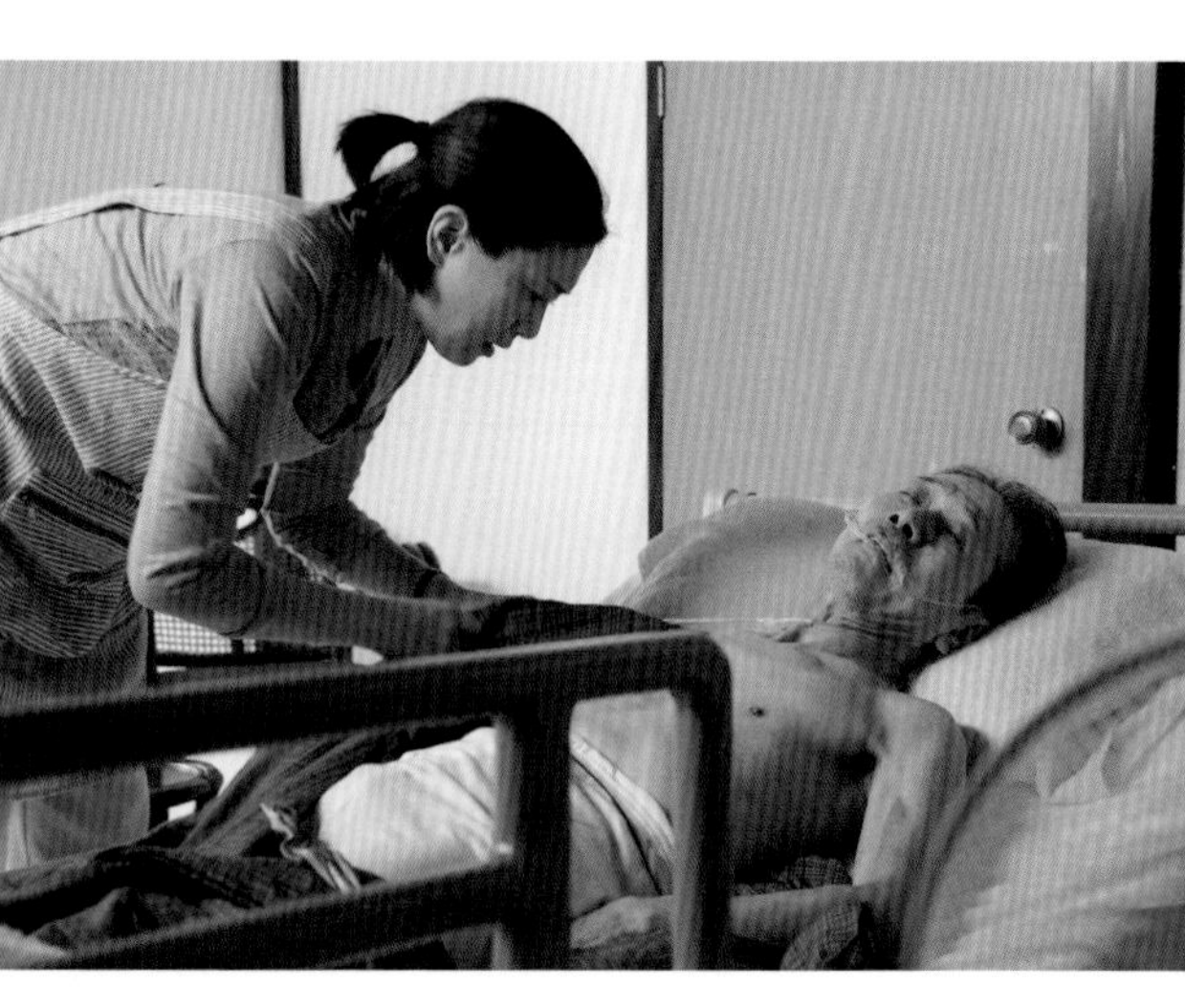

――河田医師役の柄本佑さんと共演されて、どのような印象を受けましたか。

佑君は好きな役者さんの一人なので、一緒に作品作りに携わることができてとても嬉しかったです。まっすぐに芝居をされる方ですね。もう佇まいから、すごく説得力がありました。お父様譲りの天性のものもあるのでしょうが、何よりも佑君の演技の巧みさに圧倒されました。

河田医師の役を、もうちょっと嫌な感じの人物像に作ってくるのかなと想像していたのですが、どこにでもいそうな普通の医師だったので、よけいに怖さを感じました。普通の人で普通の考えを持った医師が、悪意はないのだけれど、結果的に患者さんや家族を追い込み、辛い気持ちにさせてしまうというところがすごくリアルに思えてきたんです。

――悪意が露骨に見えない方が、実は悪医かもしれないですね。

原作の『痛い在宅医』の中で、父親を自宅で平穏死させてあげたかったにもかかわらず、苦しみ続けて最期を迎えさせてしまったことに苦悩する実在のトモミさん（書籍表記）が感じた恐怖も、きっとこういう感じだったのかなと、佑さんが演じた河田医師と対峙して思いました。国を挙げて在宅医療が推奨され

ひとりの医者の成長物語であり、家族の死を悔い続ける娘の赦しの物語でもあります。

ている今、このような終末期医療の現実があることを、私たちはきちんと知っておかなければいけないと。

——柄本佑さんが、今回の撮影の中で、智美に謝りに行くシーンが特に印象に残っていると話していました。智美の表情を見たら、ワッと感情があふれ出し、最初に考えていたプランとは違って、一気にセリフをしゃべっていたそうです。それを坂井さんがちゃんと受け止めてくださったと。

あのシーンは私も思い入れがありましたから、そんなふうに言ってもらえるのは嬉しいです。

突然、謝罪にやって来た河田医師に対して、「今更……、遅いでしょう」と冷めきった感情と、「謝って済むことじゃない」とか「医者を辞めてくれ」というような激しい怒りが智美にはあったはずです。どんなに謝られても、父が苦しんで逝った過去は変えられないので、智美としては納得がいくわけがないですし、赦(ゆる)せるはずもありません。

でも、映画の物語では、その後に河田医師は自身の過ちに気づき、〈痛くない在宅医〉に変わっていくわけですけど、智美にとっては〈痛い在宅医〉として記憶され、赦し難い存在であることには変わりがないんですよね。でも、父親のお墓参りに出かけたとき、お墓の前で手を合わせている河田医師の姿を偶然見かけ、「あのときの謝罪は、見せかけでなく、本当の気持ちだったんだ」と、彼の誠意を汲み取ることができました。

それで智美も完全ではなくても、やっと苦しみから解放され、前に進むことができた。終末期医療の問題に焦点は当てているけれど、ひとりの医者の成長物語であり、家族の死を悔い続ける娘の赦しの物語でもあります。すごく深くて、見応えのある作品になりました。

——智美を演じたことで、坂井さんの中で死生観みたいなものは変わりしましたか。

かつて飼っていた猫が、がんで旅立ったんです。死ぬのはとても大変な仕事なのだな、というのがそのときの率直な感想です。命の欠片が1ミリでも残っていたら生きていて、トイレにも行こうとするし、目が見えなくなって歩けなくなっても立ち上がろうとする。食べられない、苦しい、それでも最後の最後まで、わずかな感覚を精一杯働かせて、生き切る姿。それが人でも、猫でも、命というのは同じじゃないですか。死ぬのも、ひと仕事。命というのは本当にすごいと、そのときに実感させてもらいました。

今回、父親の終末期に寄り添う智美を演じる中で、早く楽になってほしいという想いと、死んでほしくないという想いとに揺れながら、葛藤しながらの介護はどんなに大変かと想像しました。もし自分が看取られる側の立場だったら、家族に迷惑をかけたくないという想いは当然あると思います。死というのは、生を受けたら誰にでも訪れるもので、死の迎

え方には、いろんな考え方があると思いますが、もっときちんと考えて、向き合う必要があると思います。

知り合いの年配の女性と話していたとき、「子どもに迷惑をかけて死にたくない」というような話題になったことがあったんです。でもその女性が「いいのよ、迷惑をかけていいの」と潔く言ったんです。その瞬間、心に何かスッと入ってきて、視界が開けたというか、「そうだよな」と思えるようになりました。

——「迷惑かけたくない」という気持ちから、本当は家で最期を過ごしたいのに病院を選ぶ人も多くいるようです。

今、共働きもそうですし、家族構成、生活スタイル、さまざまな事情がありますから、家族で親を介護し続けるのは容易なことではありません。でも、家族というのは生まれる時もみんなで喜んで迎えるのだから、死ぬ時も家族みんなでケアして送ってあげるべきで、迷惑をかけてもいいものだと思うんです。

子どもは小さいうちは目が離せないし、四六時中手がかかるじゃないですか。死ぬときも手がかかるんだ、ということが自然なこととして認識されたら、きっと家族も社会も当たり前にフォローし合えますよね。

もちろん、そんな簡単な話ではないことは重々承知していますが、世の中全体が、死というものにもっと向き合うように、少しずつでも意識が変わっていくことを願っています。

——坂井さんは、お子さんと死の話をするような機会はありますか。

うちの子は8歳なのですが、「生まれてきたことは奇跡なんだよ、元気でいられることは当たり前のことではないんだよ」、というような話はしていますね。生まれたときに亡くなる人もいるし、病気になる人もいるし、自分の体に感謝をしなければいけないということ、生まれたらいつ死ぬかわからないから、その日その日を大切に生きなければいけないことなど、心に留めておいてほしいと思います。

まだちゃんとは理解できていないので、「なんでそんな話をするの？ 死ぬとか言わないで」と返してきます。でも、いずれは私の両親が、娘にとって〝身近な誰かが死ぬ〟という初めての体験になるのかな、と想像したりもしています。

——坂井さんご自身は、どのように最期を迎えたいか、考えたりしますか。

やっぱり、苦しむことなく、安らかな最期を迎えられたらいいなとも思いますが……こう言ってはおこがましいですが、死は、〝待つもの〟ではないでしょうか。どんな最期であれ、向き合わなければいけないもの。逝く側も見送る側も大変で、簡単ではないもの。

最期は「我が家か、病院か」で言ったら、やっぱりみんな家に帰りたいんですよね。以前、『私の運命』というドラマで夫をがんで

生まれる時もみんなで喜んで迎えるのだから、死ぬ時も家族みんなでケアして送ってあげるべき。

亡くす妻の役を演じたのですが、そのときも夫のいちばんの願いは「家に帰りたい」でした。私がもしも入院して、余命わずかと知ったときには、やっぱり家に帰りたいと思うのかな。今はまだ現実味がなくて想像がつきません。

——ご出演されたドラマ『神の手』は、安楽死がテーマの作品でしたが、安楽死や尊厳死について思うことはありますか。

安楽死については、自分の価値観だったり、生き方だったり、本当に人それぞれで、はっきりと意見を置いてしまうことができない、とても難しいテーマだという気がしています。たとえそれを望んだからといって、宗教や法律などによって、その通りにできるわけではないですし。このような終末期医療について考えさせられる作品への出演が続いたというのは、まさに私たちの隣にあるテーマなのだろうというのは感じました。

「命を粗末にしてはいけない」という考えは当然のことですが、現在の日本では、家族が生きてほしいから、どういう形であれ、できるだけ長くと延命を望むし、一方で病院側も、「死は敗北」という捉え方があります。でもこればかりは、自分が当事者にならないと、気持ちがどう揺れるのかはやっぱりわからないですよね。でも、尊厳死や安楽死を考えることで、今、生きている一瞬一瞬がより大事になりますし、自分らしく生きようと思えてきます。

この作品を観てくださった方が、どんな感想を持たれるのか、反響が楽しみです。そして「死ぬこと」「生きること」に対して、向き合うきっかけになればいいと心から思います。

自分がどんなに隠してみたところで、真実はバレるのよ

大谷直子 Interview

本多しぐれ

おおたに・なおこ●1950年4月3日生まれ、東京都出身。主な出演作品:『肉弾』(68)、『ツィゴイネルワイゼン』(80)、『橋のない川』(92)、『蛇イチゴ』(03)、『希望の国』(12)など。テレビドラマではNHK朝の連続テレビ小説『信子とおばあちゃん』(69)、NHK土曜ドラマ『松本清張シリーズ 天城越え』(78)などがある。

本多しぐれ／本多彰の妻。延命治療を拒否し、住み慣れた家で最期を迎えることを望む末期がんの夫に、気丈に寄り添う妻。親戚からの反対を受けながらも、夫のリビングウイルを尊重し、夫婦の限られた時間を有意義に過ごそうと努める。

——意外にも、伴明監督とのお仕事はこれが初めてなのだそうですね。今回のオファーがあった時にはどう思われましたか。

伴明監督とは、付き合い自体はとても長いですけれどね。お互い20代前半の、とんがっていた時に出会っていますから、もう半世紀以上の付き合いなんです。よく飲みにも行っていましたし……でも、ここしばらくは会っていませんでした。

だから、今回、プロデューサーさんからこの出演のお話があった時に、監督は、一体、どんな気まぐれを起こしたのかしらって思いました。長く会ってもいないのに、しかも、私がどんなお婆さんになっているかわかりもしないのに、いきなりオファーしてくるなんて。でも、長年知っている伴明監督と一度は現場をご一緒したいというのがありましたし、台本を読んでみて、役柄がすごく地味で控えめで、それが気に入りました。

しぐれは、宇崎竜童さん演じる本多の闘病を支える妻ということで、ともすれば忘れ去られがちな役かもしれないけど、だからこそ映画になった時に、目立たないからこそ目立つ存在になるのかなと思ったりして、とても惹かれるものがありました。画面の隅っこでいい。そんな役でいいのです。隅っこでも観てくれる人は観てくれます。主役だからいいってことではないんです。しぐれ役は、いい役です、本当に。

——本多がいよいよ終末期、という時に、しぐれが台所に駆け込み、泣きながら洗い物を始める場面が特に光っていました。大谷さんのアドリブだったと監督から伺いましたが。

泣きたい時って、ああいうことしますよね、女性って。女性にとって、家の中で逃げ場と言ったら、流しですよ。あのシーンは、もちろん咄嗟に出たわけではなく、考えての演技です。たまに、あの芝居は偶然ですって言う俳優もいますけど、それは私の場合にはあり得ません。私の「目立たなく地味でいたい」と思う役の中で、計算のうちなのかしらね。あとでそういうふうに思うんです、いつも。

けれども、あれが、そんなに光るシーンになるなんて思いもしませんでした。演じている時は、仕上がりがどうなるかなんてわかりませんから。

——ああいう生活感のある、看取りのシーンを撮った映画ってあまりなかった気がします。

生活感というか、日常の空気感がよく出ていましたよね。私はふだんから作務衣(さむえ)を着て生活しているんです。だから、撮影当日も作務衣姿で現場に行ったら、衣装さんが似たような作務衣を用意していたんです。だから、着替える必要はないと思って、着て行った自前の作務衣のままで演じました。実際に着て生活しているから、着古した感じが自然でよかったですよね。

映画って、ワンカットワンカットで撮っていくので、あの時の、あの髪型の、あの衣装の……という積み重ねがひとつのシーンになっていく。ああ、こういうふうに映ったんだなって、作品になってみて、初めてわかるわけです、私たち役者は。

――自前の作務衣で出演されていたとは！　確かにとても自然で、本当の夫婦のような暮らしぶりでした。

　襟の合わせのところが年齢が出ていて特によかったと思うんです。作務衣の下は、ノーブラです。メイクもしていません。家の中のシーンなのに、パジャマを着ながらブラジャーをして、メイクもばっちりしている女優さんもいるけれど、不自然でしかないといつも思っていました。もちろん、女優としてはわかりますよ、バストも顔もきれいに見せたいという気持ちもね。でも、演じるからには、ちゃんと年相応に見せることも大事だし、違和感のある要素は排除していかなくてはいけないと私は思います。だから、襟の合わせ部分をやや開き気味にして、ペターっとなった薄い胸の感じと、老けて見える首回りを見せることを意識しました。

　きちっと襟を合わせて着ていたら、疲れていないし、悲しくないよね……などということを、撮影中にやっぱり考えているんですよね。そういう生活感がちゃんと出ているから、そこで暮らしている夫婦の物語が見えてくる。

――女優さんによっては、役の見え方よりも、いかに自分を美しく見せるかという意識が先に立ってしまいますよね。だけど今回は、坂井真紀さんにしても、余貴美子さんにしても、まったくそれがなかった。

　女優がね、役を飛び越えて自分を飾ること、隠すことは無意味ですよ。メイクだって、隠したところで、スクリーンでは見えるのです。人生もそうでしょ？　自分がどんなに隠してみたところで、バレるのよ。だったらそのまま出して評価されたほうがいいじゃないですか。たとえばそれでブスだと思われてもね。隠しても無駄なのよ。

――いつ頃からそう思うようになりましたか。

　デビューの頃からそう思っていたかもしれません。メイクするのが、もう嫌で嫌で。綺麗に見せる……いやあ、無理ですね。そんなことしたって、真実はスクリーンに出ますよ。『ツィゴイネルワイゼン』（鈴木清順監督、1980年製作）に出た時は、29歳でしたからね。どんなにメイクしたって、あそこには帰れない。戻ることはできない。だったら69歳の自分をそのまま出すしかないでしょう。

――なかなか言えませんよ、格好いいです。

　そんなに格好よくはないわよ。それはあなたが私のことをお婆さんだと思っているからよ。30歳の女優が私と同じことを言っても格好よくはないけれど、70歳でよくぞ振り切ったと思うからこそ、格好いいと言ってもらえるわけでね。……昔だったら、70歳なんて、もう死んでいますからね。そう、江戸時代だったら私はとっくに死んでいます。

　もちろん、何歳になっても美しく見られるように意識したり、努力していることも、それはそれでいいんじゃないかなと思いますよ。それもその人の生き方ですからね。

――そういう潔さを監督はどこからか聞きつけて、このしぐれ役は大谷さんだとこだわったのではないでしょうか。

　まあ、私の性格は、伴明監督はよく知っていると思いますよ。でも、長いこと会っていなかったので、どんなババアになったのか、どんな生活をしてきたのか、太ったのか、痩せたのか、そういう見た目の変化はまったく知らなかったはずです。

　久々に再会したのが、衣装合わせの日でね。

本多夫妻が学生運動で知り合ったという設定もよかった。夫婦である前に、「同志同士」っていう感じがね。

監督の持っている私のイメージと、役のイメージが違ったらどうしようかなと思いましたよ。でも、もし、イメージと私が違ったら、その場でフッてくれて結構。役に合わないと思ったらどうぞ切っていただいて結構です、という気持ちでした。

——監督は撮影前、もしかしたらこれが遺作になるかもしれないと仰っていました。

遺作にはならないでしょ。やめてほしいわ、そんなこと言うの。ぜひ撮ってほしいわ。監督、まだ71歳ですよ。映画を撮っていたほうが元気でいられるかもしれないでしょ。普段の高橋伴明は知っていましたけど、現場に入った彼のことは知らないので、比較できないですけど……伴明監督はすごく優しい人だなと思いましたね。心があったかい人。昔は現場でかなり怒鳴ったり、スタッフを蹴り飛ばしたりということもあったようですけどね。でも、基本は優しくて、あったかい人だってことはわかります。

——監督とは、本番前に演技についてのすり合わせなどはあったのでしょうか。

何もありませんよ。何か、お互いに気づいたら言おうってことだけです。

——宇崎竜童さんとの共演も今回が初めてだったそうですが、息がぴったりでした。

宇崎さんがお上手だからですよ。台風上陸ってセリフでは言っていたけど、宇崎さんが臨終前に苦しむシーンでも、本当に苦しそうじゃないですか。宇崎さんは俳優が本業ではないのに、本当によくわかっていらっしゃって。そうそう、本多夫妻が学生運動で知り合ったという設定もよかった。夫婦である前に、「同志同士」っていう感じがね。ただ恋愛して、好きで結婚して、というような夫婦とは違う。社会に対する同じ不満があって、同じ強さがあって、そういう二人の屈しない感じが出たらいいなと思って演じていました。

——本多が臨終を迎えたシーンでは、大谷さんは、宇崎さんの手を両手で挟むようにしてただただ握っていた。大声で泣いたり、取り乱したりはしない。しぐれの「看取る覚悟」が静かに伝わってきました。

伴明さんのオリジナルの脚本があったからこそでしょう。監督のあたたかさと、人間思いのところが、そういう演技をさせてくれたのだろうと思います。もちろん台本には、両手で手を握るとか、静かに泣くとか、そういう細かな指示は一切、書かれてはいませんでしたから、自然とそうなったということ。

——あらためてでき上がった作品を観て、どう感じられましたか。

媚びてない映画だと思います。最初の、下元史朗さんと坂井真紀さんのシーンは観ていて本当に辛かったですけど。役者さんも大変だったと思います。あそこも、お芝居が観客に媚びていなくてよかった。出演者が全体的に堅実な感じがすごくいい。佑君も、奥田君もよかった。

――確かにこの作品は観客に媚びてないですよね。泣かせようとも思っていないし、変に歌舞いているところがなくて。

そう。監督は、人間的にね、媚びない人だから。若い頃は、そうね……歌舞いてもいましたけどね。私も一緒になって歌舞いていた。でも、媚びないのは私も一緒かも。

――大谷さんは57歳（2007年）の時に悪性リンパ腫という、命にかかわる病気を経験されました。その時の経験が今回の映画に活きた部分はありますか。

がんの告知をされた人と、されていない人とではお芝居も当然違ってきますよね。私に悪性リンパ腫が見つかった時は、すでに末期で、余命3ヵ月と診断されました。私、2007年に死んでいたはずなんですよ。と言っても、ドクターから面と向かって余命を告知されたわけではなかったのですが、周りの雰囲気でわかりましたね。2007年中に私は死ぬんだと思っていました。

――自覚症状があって、病院に行かれたんですか。

自覚症状は、振り返ってみるとあったと思います。40代前半くらいからおかしかった。

あ、あれだ、あの時から病気が始まっていたんだって後になってから気づくんですよ。後からね。それがピークに達したのが57歳だったということです。なんだか体が怠いし、肩は凝るし、背中は痛い、でも、更年期だと信じて疑わなかったんです。まさか、がんだなんて少しも考えていなかった。後で知ったことですけど、悪性リンパ腫の自覚症状というのは、どこか一カ所が痛いとかではなくて、全身の倦怠感なんです。それである日、ついに恵比寿の街中で突然、倒れました。急に歩けなくなって、しゃがみ込んで、更年期だけでこんなに具合が悪いのはおかしいと、やっとその時に大病を疑いました。

背中が痛かったので、最初に整形外科を受診したんです。そうしたら背骨が圧迫骨折していました。「このレントゲン写真を持ってすぐに大きな病院に行ってください」って。その先生には、レントゲンでわかったんでしょうね。悪性リンパ腫によって骨が折れていたと。そりゃあ、痛いわけですよ。

――今回の撮影現場で、大谷さんが医療監修で立ち会っていた長尾先生に「先生、私、安楽死したいの、どうすれば安楽死できるの？」と、真剣に話されていたのを見かけました。

私は、国に安楽死を認めてほしいのです。でも、安楽死って日本では犯罪なんでしょ？

下元さんと坂井さんの辛いシーンを観た時だって、「もうかわいそうだから安楽死させてあげて！」と私は思いましたよ。どうせあと少しで死んじゃうんだから、辛い思いをさせることはないでしょうって。長尾先生は安楽死に反対のようだけど、私、間違っているかしら？

――ひとつの意見として、間違ってはいない

伴明監督はすごく優しい人だなと思いましたね。心があったかい人。

と思います。スイスやオランダなど、一部の国では認められていますし。

この国の中央を守っている人たちはまだ若いですから……ま、80代の政治家もいますけどね、お金をたっぷり持っているから、そんなことは真剣に考えないんじゃないですか。この国の政治家は、市民の痛みというものがわかっていない。それがわかっていたら、コロナに対する対処も違っていたのではないかと思ったりしますよね。日本はヨーロッパよりも200年くらい遅れていますからね。一生懸命、駆け足で来たけど追いつけるわけがありません。産業革命以降、欧米は悪いこともいっぱいしてきましたけど。

――日本が戦争の時にドイツと同盟を組んでいたことも、安楽死制度反対に影響しているかもしれません。ナチスドイツの優生思想や、ナショナリズムと安楽死制度を地続きだと考える人も少なからずいるようです。

確かに日本も戦争中は、ナチスドイツと同じような人の道に外れたことを散々やってきましたからね。それで何か、今は欧米に対して見栄を張っているというか。日本は、安楽死はダメなのに、死刑制度はあるのが不思議ですよね。安楽死は、殺人になるから嫌だという医者がいるように、死刑のボタンを押す公務員だって嫌でしょうけどね。

――日本で、安楽死が認められるかといったら、やはり難しいと長尾先生も仰っています。ヨーロッパは個人主義で、自己決定ができる人たちなので成り立ちますが、日本は、個人の考えよりも、家族の思いがあまりに強いからと。

そこが問題なのよね。生かすも殺すも家族の意見次第。どんな状態で、どんなに苦しんでいても、「お母さんに生きていてほしい」と娘が言い張ったら、もう延命するしかないわけでしょう。でも、それも本心かどうかもわからないしね。

――最後に、大谷さんはどんなふうに死にたいですか。

痛くない死に方が理想だけど、知らないうちに死にたい。誰でもそう思うんじゃないですか。七転八倒して死にたい人はいないでしょ。人間には、潮時というものがあります。私は2007年には、たまたま潮時じゃなかったということでしょうね。だから、潮時がくれば逝く。

あの時、主治医が、余命3ヵ月からがんが寛解（かんかい）した私を見て、びっくりしていました。奇跡だって。どの内臓ももうめちゃめちゃで、ひどかったそうです。先生がレントゲン写真を見て顔を背けるくらいでしたから。でももう、そこからもう13年です。もう年齢も年齢なので、また他のがんが出てくるかもしれないと思って、相変わらず、人間ドックなんかに入らなくても、ずっと診てもらっています。でも、もう70歳まで生きましたからね。もう、いいかもね。

高橋伴明と俺は、役者と監督である前に共犯関係です

宇崎竜童

本多彰

Interview

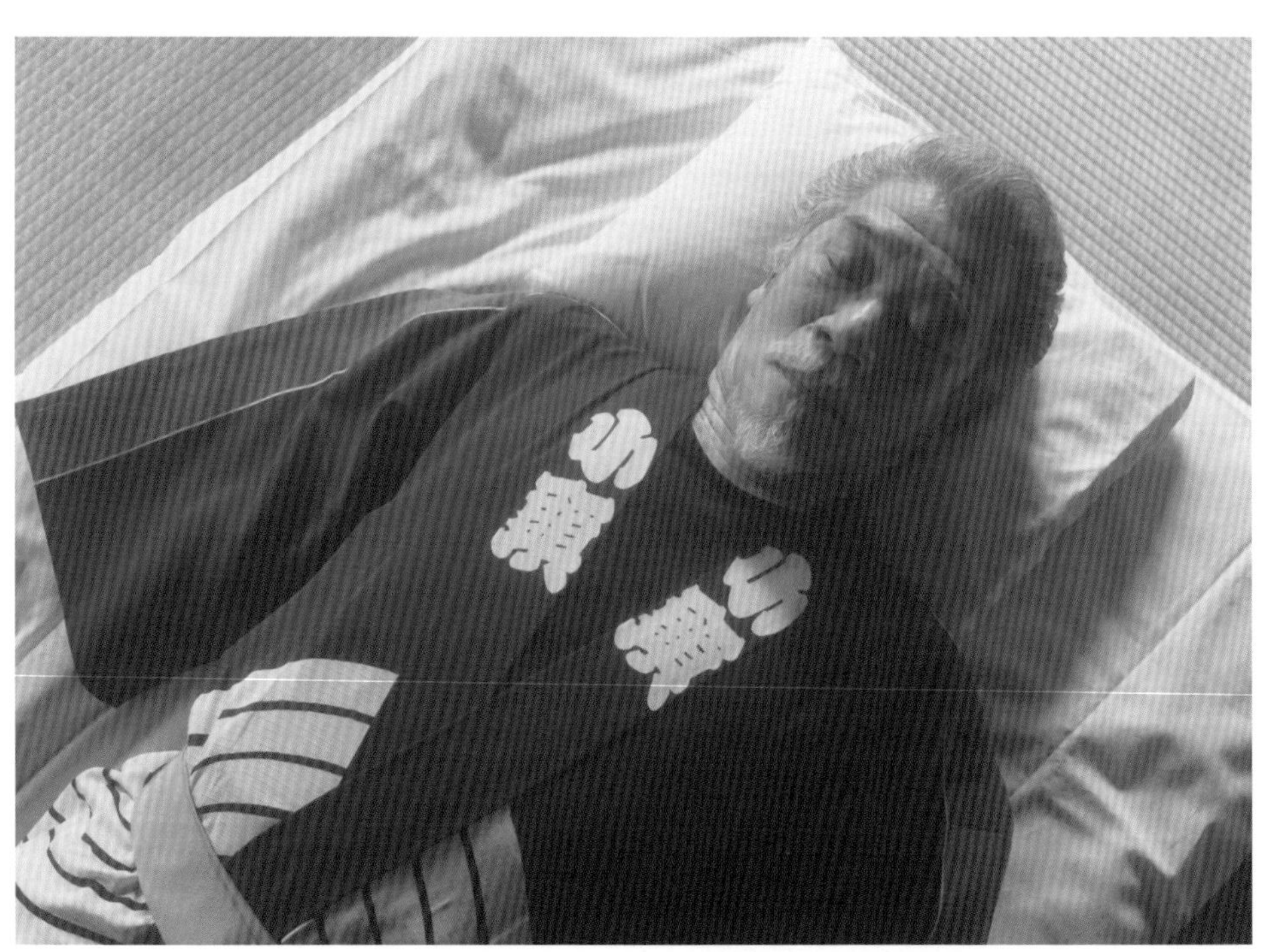

うざき・りゅうどう●1946年2月23日生まれ、京都府出身。主な出演作品：『曽根崎心中』(78)、『TATTOO<刺青>あり』(82)、『突入せよ！ あさま山荘事件』(02)、『任侠ヘルパー』(12)、『グラスホッパー』(15)、『罪の声』(20)など。監督作：『魚からダイオキシン!!』(92)、映画音楽：『駅～STATION』(81)などがある。

本多 彰／元全共闘で大工の棟梁。末期の肝臓がんで入院していたが、病院には自由がないと感じて在宅医療を希望。退院後、河田らの訪問診療を受けながら住み慣れた家で妻との穏やかな時間を過ごす。川柳を嗜むなど、人間味あふれる生き様で、河田に影響を与えていく。

——宇崎さんは台本を読む前に、この作品の出演を決めたそうですね。

プロデューサーからの電話で、高橋伴明が「死」をテーマにした映画を撮るけれど宇崎さんにやってもらいたい役がある、と聞いた時点で「やります」と即答しました。台本を読んだのはそのあとでしたが、面白いなと素直に思いましたよ。この作品は、台本の勝利。そして、本多の役はやり甲斐がありましたね。役者だったら、「俺がやりたかった」ってみんな言うような役どころでしょう。

伴明さんとは『TATTOO〈刺青〉あり』に主役で出演させてもらって以来、バイク仲間だったり、キャンプ仲間だったりという時代を経て、泉谷しげると哀川翔がコンビの『突撃 ラクガキ愚連隊』や、的場浩司君の『大いなる完』にちょっと出してもらった程度。遊んでばかりで、仕事はそれほど一緒にやっていなくて、久々のお声掛けでした。

撮影前に、伴明さんは今回の作品を遺作のつもりで臨むと書かれた記事を読んだんです。おいおい、だったら俺も遺作のつもりで出ようじゃないかと（笑）。真面目な話、この作品が伴明さんから、俳優としてお仕事をいただく最後の機会になるかもしれないと思いながら、どう演じようかな、髪型も変えてすっぴんでやろうかなと……多少そんなことを考えて現場に入りました。

——プライベートでも親交のある監督との撮影では、モチベーションは変わりますか。

伴明さん以外の映画監督と私的に深く付き合ったことはほとんどないので、他の監督に対しては、俺は役者として何ができるかという、その距離がちゃんと取れるのです。しかし、伴明さんとは監督と役者という距離感である前に、一緒に何か不良なことをやっている仲間意識のようなものがあるんです。一種の共犯関係ですよ。

でも今回は、監督が本当に納得のいく、忖度なしの「オッケー」が出せるようにしたかった。もちろん、高橋伴明は俺に忖度をするような人間じゃないけど。でも、舌打ちしながら、まあいいかみたいな「オッケー」を出されたくはなかったね。言葉には出さなくとも、お互いに最後の作品になっても恥ずかしくないようにしよう、自分の役割を精いっぱい果たそうという、並々ならぬ気持ちでした。

——スクリーンに登場された瞬間から迫力がありました。えっ？ これがあの宇崎竜童？と驚くほど別人に見えました。

この本多彰という男は原作には存在していません。伴明さんの創作であり、この役には、伴明自身がすごく投影されているんです。それは、最初に台本を読んだときから感じましたね。学生運動をやっていたのも知っているし、拘置所がいっぱいで刑務所に入れられたのも知っているし、高橋伴明のヒストリーが役に重なっているんです。……そうか、この映画は高橋伴明の「遺作」というよりも、「遺言」じゃないか、と俺はどこかで思っていて。だからことさら深刻にならずに「死」を演じてやろうという心構えでしたね。

――まさに「痛くない死に方」を体現する大役でしたが、演じたことで何か気づいたことはありましたか。

これまでにない経験をさせてもらった現場でした。特に大変だったのは、今際の際の場面ですね。これに関しては、原作者であり、医療監修も務められた長尾先生から事前にビデオを送ってもらっていたのです。

映画では、本多の妻である大谷直子さんが、「台風上陸」と表現していましたが、死ぬ直前は下顎（かがく）呼吸といって、下の顎を突き出すようにして大きく呼吸をする。そして、目が白目になるとありました。そのビデオを見ながら一人で死ぬ稽古をしていました。

そして撮影当日、リハーサルのときに監督をはじめ、みんなで白目に挑戦したんです。そうしたら俺以外は誰ひとりとして、白目ができない。監督も「宇崎、できるじゃん！」と驚いてくれてね。練習した甲斐がありました。でも実際には、死ぬ間際の俺の表情はほとんど引きのシーンだったので、白目までは映っていなかったけどね。

殺される役は何度も演じてきましたが、死んでいる役というのは初めてでしたからね。息を止めていなければならないのも、本当に大変でした。かなり長い分数、息を止めていたけれど、やっぱり苦しくて、途中で息を吐かざるを得なくなりました。自分の専門のほうの仕事で、ゆっくり息を吐き、即座に息を吸う訓練をボイストレーニングで10年ほどやってきましたから、その技法を利用し周囲に気づかれないように息を吐きました。

――目をつむり、息をしないで仰向けになっているのも、立派な「演技」ですよね。

そうなんです。今回、一緒のシーンはなかったけれど、長野医師役の奥田瑛二とメシを食ったときにその話をしました。息をせず身動きせずに1分、2分と撮られた経験のある役者にしかわからないと思うのですが、これって演技だけど、「仮に死んでいる」のと同じことだと思うんです。息を止める、目をつむる、瞬きできない、目を唇も微動だにせず……すると、どうなるかというと、スッとどこか自分が違う場所に行くような、ある種の仮死状態になるんです。

リハーサルのときは、監督の「カット、オーライ」という声を待っています。けれども、本番になるとその声を待たない自分がいました。幽体離脱したわけでもなくて、確かに自分はここにいるけれど、違うところに意識がある。三途の川の一歩手前くらいまで行っている自分。死ぬときって、こうやって死んでいくんだろうなという不思議な感覚になりました。まさに生きてもいない、死んでもいないという状態です。そのことを奥田瑛二に話

人生の幕を下ろすシミュレーションをさせてもらった気分です。

したら、彼も別の作品で死んでいる役で経験しているから、「そう、それそれ！」と共感していましたね。人生の幕を下ろすシミュレーションをさせてもらった気分です。

──縁側で本多が美味しそうにタバコをふかしながら、みんなで花火を見上げるシーンもとても印象的でした。

いいシーンでしたね。脚本もすごくいい。セリフもいい。やりとりもいい。これが最後の花火だろうとわかっている。

俺、コンサートツアー中の撮影だったこともあって、どこかに宇崎竜童が残っているんですよ。それで、タバコをふかす手の動きが早すぎたりして、「今の動きは、ロックンロールだからダメだ」と何度か伴明さんに指摘されました。川柳をノートに書くシーンでも、どうやって書いたら、体の弱っている人の文字になるかがわからなくて苦労しました。

でも、どれくらい現実に近づくか？　ということも大事だけど、観客の心の中にどれだけ自然に入っていけるか、ということのほうが大事だろうと思っています。いや、両方の意識の往復みたいなものが要求されるんじゃないかとも思うわけです。自分の好きなように芝居をするだけとか、監督が求めるままに演じるだけでは、本当の意味での演技にはならないんじゃないかな。劇映画とはそういうものではない、もっと奥が深いものなんだとこの歳になってやっと思えるようになりました。

──柄本佑さんが、役者がそれまで積み上げてきた経験の氷山の一角を覗かせることが演技であり、人の心を惹きつけるのだと、宇崎さんと共演されて感じたと話していました。

佑君の鋭い感性が、そんなふうに俺の演技を捉えてくれたということなのでしょう。僕としては相手の役者さん、すべての出演者やスタッフにせめて迷惑をかけないような芝居をしたい、というだけです。

佑君と今回共演させてもらって、役者としては親父の柄本明さんを超えているんじゃないかと感じました。弟の時生君もいい役者さんですし、「青は藍より出でて藍より青し」じゃないけれど、役者であるご両親に日常的に芝居を教え込まれてきたわけですからね。自然に培ってきたものを昇華させたような、確かな実力が備わっているのでしょう。彼はもう、ベテランの域ですよ。

──作品の後半は宇崎さんの演技に持っていかれたと共演者の方々は仰っています。

廊下でお漏らしをするシーンがありましたが、だんだん自力でトイレに行けなくなって、ついには訪問看護師である余貴美子さんに紙おむつを取り換えてもらうようになります。

俺ね、さすがにおむつ交換のシーンは恥じらいがあったんです。伴明のことだから、俺のお尻を映すかもしれないよなって（笑）。そのシーンだけは、撮る前日に「おケツは撮らないでくれる？」みたいなことを監督に伝えました。そこは違うアングルでやるから大丈夫だと言われて安心したけれど、それでも、余さんにお尻を見られるわけですよ。でも、「ヨーイ、スタート」が掛かったら、不思議なことに抵抗がなくなった。余さんに自然に身を委ねていましたね。「人生が滲(にじ)み出た、いいお尻」って、余さんに言われてね。

やっぱり芝居って、相手の芝居に影響されますから。相手のセリフの「間」に引っ張られてしまい、自分の演技が崩れることも今までは多かったのですが、今回はまったくそれがなかったんです。伴明さんの手腕を改めて感じましたね。

——本多彰という男の最期を演じきった今、死に対する考え方は変わりましたか。

本多を演じていながら、スタッフ、キャスト、みんなに看取ってもらったような気持ちになりました。ラストの葬儀のシーンの撮影では、すでに俺の出番は撮り終えていて、「宇崎竜童さん、お疲れさん」って言われて帰る準備をしていたのですが、棺桶に入った本多彰が、大工仲間の木遣り歌に送られるのをこの目で見届けたいと思って現場に残っていました。本当は、お棺の中にも入ってやるぞと楽しみにしていたのですが、重くて担ぐのが大変だから入らなくていい、と断られてね。

葬儀のシーンの本番、木遣り歌の男衆が格好よくて、ああいう男たちにちゃんと見送ってもらえて、本多彰の人生がいかに素晴らしいものだったかが見えた気がしました。

大工だった本多は木遣り歌で送ってもらったけれど、俺の場合は、今までいろんなバンドを作っては潰してきたので、その折々の音楽で送ってもらいたいですよね。

学生時代のOBとかも含めて、ロックから始まって、ジャズにいって、ブルースにいって、竜童組のステージみたいにさ、賑々しくやってほしい。最近は密葬が流行っていますが、密葬なんてロックじゃない。やっぱりあちらに送ってもらうときには、俺にはうるさいくらいのBGMが必要なんです。喪服なんていらないよね。みんなが好きな格好で集まって、お香典もいただかないようなロックンロールな葬式。そのためには、葬式資金を用意しておかなくちゃね。

——コロナ禍の今、お葬式にもなかなか人が集まれなくなっています。

悲しいことです。できることなら「いついつに死ぬからよろしく」と運営を任せられるスタッフに伝えておいて、死んだら、ロックな葬式を生中継で届けられたらいいですよね。生中継が無理でも、DVDにして感謝の気持ちとして配るとか。遺産よりも何よりも、そこに全部お金をかけるつもりで、派手にライブ葬式をしたい。

——ロックなお葬式が生中継されたら、葬儀の概念や死への向き合い方が、変わりますね。

誰にも会いたくないとか、死んだあとの顔を見られたくないとか、そういう気持ちもわからないでもないです。でも、10年前に逝った原田芳雄は亡くなる数日前、『大鹿村騒動記』（阪本順治監督）の試写会に、車椅子に乗って出てきました。その瞬間、「うわー!!　芳雄さん、イェーイ！」って俺たちは歓喜しましたよ。がんの末期の姿を、あそこまで見せてしまう、芳雄さんの〝死ぬ気のなさ〟は本当にすごかったし、格好よかったよね。あれは、絶対に死ぬ気がなかった。死ぬ気のない芳雄さんに、「ああ、原田芳雄を見た」と、シビレました。死に方にシビレたというより、生き様にシビレたわけです。

だから、終活なんてそんなに死ぬことの準備をする必要もなくて、「どうやって潔く死ぬか」ということを考えるだけでいいとも思うんです。俺も終活したいし、潔く死ぬにはどうしたらいいのかと、身の回りの整理だけでなく、いろいろ考えたりはします。その中で思ったのは、葬式はロックでやってほしいけど、「単にロックンローラーとして死にたくない」ということ。家族に対しては、やっぱり実名で、ありのままに死にたいんです。

——残された人はそれぞれ、ちゃんと故人とお別れしたいですよね。

そう思います。先日、俺の仕事仲間で、本人は死ぬ気じゃなかったのに死んじゃったヤ

彼女を看取ることが、〝妻孝行〟だという思いがあるんです。

ツがいます。地方から出てきて、東京で入院していたので、会いに行かなきゃなと思っていたけれど……忙しくて行けないまま時間が過ぎて、そのうち退院するだろうと思っていたら訃報が届いた。落ち込みましたね。忙しいことを言い訳にしないで、会えるときに会っておかなければいけないと悔やみました。

でも、お通夜に行ってちゃんと顔を見ることができて、「よし、これでいいや」と吹っ切れました。残された者にとっては、故人の顔を見て、見送ることで気持ちの区切りができるんです。それが叶わずに、辛い思いを我慢したり、悶々としたりで長いあいだ日常を取り戻せずにいる人たちがたくさんいると思うんです。そういう思いをさせたくないから、俺は「誰でも来い」と宣言して自分の葬式を盛大に開放したい。だからと言って、生前葬みたいなことはしたくない。あれは何か……自意識過剰に思えてしまいます。

だから、俺のこの先の終活としては、お通夜と葬式の場所探しをちゃんとしておくこと。爆音でやっても、誰にも迷惑がかからないような会場が必要だけれど、日本武道館は、葬儀に貸してくれるのかな（笑）。あとは、大音量で騒いでもいいお寺があったら、ぜひとも教えてほしい。

こうして話していて思いましたが、今の俺は、「痛くない死に方」じゃなくて、「格好悪くない死に方」をしたいという気持ちのほうが勝っていますね。

――在宅医療や、自宅での看取りについて思うところはありますか。

本多の死を経験して、もし実際に自分が本多と同じような病気になったら、在宅医療にしてもらおうと考えるようになりました。そういう相談は、まだ具体的に夫婦でしたことはありませんが、できれば一緒のタイミングで死にたいね、と話したことはあります。

でも、現実はなかなか「一緒に死ぬ」なんてならないわけで、だから、奥さん（阿木燿子さん）を看取ってから、すぐに俺も死ねたらいい。それが願望です。

彼女を看取ることが、〝妻孝行〟だという思いがあるんです。見送って、ちゃんと後片付けをして、それから自分の番をじっと待つ。ただ、この年になって慣れない生活をしながら独り住まいというのはきついでしょうね。残されると辛いのは、やっぱり男。奥さんに頼っていた男ほど、そうでしょうね。

うちの場合はずっと、奥さんが俺の仕事のプロデューサーでもあり、俺の人生のプロデューサーでもあるのです。息子が父親の背中を見て成長していくという親子の在り方があるけれど、俺は、奥さんの背中を見て歩いてきたようなものですから。だからその背中が見えなくなっちゃったら、俺はもう、どこを見て歩いたらいいのかと路頭に迷ってしまう。……だけどやっぱり、奥さんを残して死ぬと、妻孝行ができないじゃないですか。

医者と患者と家族、どの立場にいる人にも共感できる作品です

中井春奈

余貴美子 Interview

よ・きみこ●1956年5月12日生まれ、神奈川県出身。2019年紫綬褒章受章。毎日映画コンクール田中絹代賞のほか、日本アカデミー賞最優秀助演女優賞を三度受賞するなど受賞歴多数。主な出演作品:『ホテルハイビスカス』(03)、『おくりびと』(08)、『ディア・ドクター』(09)、『八日目の蝉』(11)、『あなたへ』(12)、『深夜食堂』(15)、『シン・ゴジラ』(16)、『ステップ』(20)など。

中井春奈／長野医師が信頼を寄せているベテラン訪問看護師。河田医師とともに末期の肝臓がん患者である本多彰の在宅ケアに携わる。在宅医として成長していく河田をサポートしながら、患者と家族が望む在宅での穏やかな看取りを叶えるために尽力している。

——今回、ベテランの訪問看護師である、春ちゃんを演じるにあたってどのような思いで臨まれましたか。

訪問看護師は患者さんの家庭の中に入るという意味でも、病院にいる看護師とはまったく別物と言ってもいいかもしれませんね。「大病院の専門医は断片を見て、在宅医は物語を見る」という奥田さん（長野医師）のセリフもありましたけど、よそのお宅の中に入ってお世話をするわけですから、患者さんや家族の方の日常に自然体で寄り添うことができる〝人間の度量〟みたいな部分が特に大切だと思いました。

これまでも、いろいろな立場の医者や訪問看護師の役も演じた経験があるのですが、今回の作品では私は「春ちゃん」としか呼ばれないし、ベテランだということも誰のセリフにも出てこないし、春ちゃんのセリフ自体も、台本には15行しかなくて、劇中でほとんどしゃべっていないんです。それも直接医療に関するセリフではなくて、「人生がにじみ出た、いいお尻」とか、日常の何気ない会話だったりして、最初に台本を読んだ時には、さて、どうしたものかと戸惑いましたよね。

——でも、セリフが15行しかないとは思えない存在感でした。

セリフがないからこそ、いかにも経験を積んでいるという雰囲気がにじみ出るように頑張ろうと考えました。春ちゃんの人柄とか、見た目とか、頼りがいのある感じというのを、実際の在宅医療の現場を見学させてもらって役作りをしていきました。

——都内の在宅クリニック（桜新町アーバンクリニック）に見学に行かれたそうですね。どなたか訪問看護師さんをモデルにされたのですか。

私が演じた春ちゃんよりもお若い人で、五島早苗さんという、700人以上を看取っているというベテランの訪問看護師さんにお話を聞きました。とても頼り甲斐があって、医師やスタッフはもちろん患者さんからも信頼されていて。この方をお手本にしようと、お仕事に同行しました。そこで思ったのは、自分の志とか野心を前面に出すという人たちではないということ。他の訪問看護師さんも、「ただ淡々と」「人それぞれですから」「やり続けるしかない」ということを仰っていましたね。常に患者さんを気遣いながらも冷静さをもって感情をフラットに維持することも大事なのだと感じました。

——春ちゃんは、ご家族と在宅医を繋ぐ橋渡し的な大事な存在として描かれていたように思います。

病気の情報だけではなく、家族それぞれの歴史だとか趣味だとか、雑談の中から聞き取ったことを医師やスタッフみんなで共有することで、患者さんとのコミュニケーションを取っていくのが訪問看護師なんです。本当に大変なお仕事だと実感しました。だからこ

余 貴美子 Interview

そ、相性もあるのだと思います。この映画の前半の河田医師のようなダメな在宅医もいれば、医師としてのスキルが高くても、相性が合わなくて納得のいくケアが受けられない患者さんもいる。そのあいだに訪問看護師が立って、うまく機能することで、患者さん一人ひとりに適した思いやりのある医療提供へと繋がっていくのだと思います。

――この作品全体を通して、どのような印象を受けましたか。

それぞれの痛みに苦しみながらも、淡々と静かに物語が進んでいく中で、医者と患者と家族、どの立場にいる人にも共感できる気がしました。河田医師が最初に心の中で「この家族が訴えませんように」と言っていましたが、医者だったらやっぱりそう思うよなと感じるし、父親を退院させたことで辛い死を招いてしまったと自分を責める智美の気持ちも理解できるし……。大事件が起きるわけではないけど、全然飽きない物語ですね。それはきっと、〝死〟を多角的に考えられる台本を高橋監督が書かれたからだと思います。

――今回、高橋監督とのお仕事はいかがでしたか。

監督は芝居に関して、ああしろ、こうしろとあまり指示はしない人ですけれど、俳優たちが監督のことをすごく信頼しているので、監督が仰ることをすべて、やりたい、やらねばという気合が感じられる現場でした。今回は、川柳も良かったですよね。監督らしくて、情に溢れていて。印象に残ったのが、「一度だけ　浮気しました　許せ妻」という川柳。淡々と話が進んでいく中で、ああいう人情味をふっと入れる感じが監督らしいなと。以前、監督とご一緒したのは『丘を越えて』（2008年製作）という作品で、私は三味線一丁で生きていく役でしたが、久々に監督が作る空気感の中にいられて楽しかったです。

――高橋監督にインタビューをした時に、余さんが作品に出ると、不思議な奥行きが生まれると仰っていて、深く頷きました。なぜそんなことができるのでしょう？

そんなふうに仰ってくれるのはありがたい限りですが、それはもう、仕事柄、その気になるしかないんですよ。入り込むしかね。

――この映画で、余さんが好きなシーンはどこでしょう？

長野医師と春ちゃんが、在宅で亡くなったおばあちゃんを看取った後に、大家族で記念写真を撮るシーンですね。

――「ウイスキー」と春ちゃんがシャッターを押す。あれはアドリブですか。

そうです（笑）。看取りの記念写真を撮るという発想に驚きましたが、長尾先生に訊ねたら、実際によくあると仰っていました。泣いているんだけれど、家族みんなで故人を囲んで、「大好きだよ」「ありがとう」と伝えて笑顔で写真を撮る。あの世とこの世が繋がっている感じがして、こういう幸せな看取りがいいなと思いました。あと、宇崎さんが演じた大工の棟梁を木遣り歌で送る葬儀のシーンもいいですよね。

――記念写真を笑顔で撮るような看取りは、病院では叶わないかもしれませんね。

病院での最期は、管だらけになったり、苦しんで辛かったりするほうが多くて、ああいう幸せな看取りはそうそうないことかもしれませんけどね。この映画の中でも、自然に枯れていくような穏やかな死に方が理想だとされていましたが、もし、自分の意思で在宅を選んだら、なるべくそういうふうに枯れていきたいと憧れます。でも、理想を描いて在宅

死を受け入れるには、考える時間が必要なのだと思います。だから、今から考えておけば、幸せな最期を迎えられるのかなと。

を選択したとしても、その先はわかりませんからね。未来はわかりませんから。このコロナ禍でよけいに先が見えないと思うようになったかもしれませんよね。

——余さんご自身も、枯れるような死に方をしたいと？

それはやっぱりこの映画のように、痛くない、苦しくない死に方が理想です。自然に、老衰で死んでいきたいですね。静かに穏やかに枯れていくような死。でも人の人生というのは先がわかりません。ただ、最期まで穏やかな気持ちではありたい。自分の死んだ後のことも少しは考えますよね。今はダイヤモンド葬とかフリーズドライ葬など、いろいろな葬儀の形があるみたいですから、遺骨を炭素にしてもらって、ダイヤモンドになるのもいいかなと思ったりしています。あとは、こんな人はいなかったというくらい何もしてもらわないほうが清々しくていいですね。偲ぶ会とかもやってもらわないでいいかなと。

——それはやると思いますよ。それに、そのときどきで気持ちは変わりますからね。

死を受け入れるには、考える時間が必要なのだと思います。だから、今から考えておけば、幸せな最期を迎えられるのかなと。楽しい人生だったなと納得して、幸せに死んでいきたいですからね。でも、そうは思っていても、日進月歩の医学テクノロジーで有効な治療法がどんどん増えてきて、それにともなって人間の死生観もどんどん変わっていくのでしょう。だからこそ、自分の死に向かって何か行動を起こすというのは、なかなかできるものではないですよね。やりたいなとは思うのですが……。

——余さんは、『おくりびと』にもご出演されていますが、死と向き合う役を重ねることで、死への恐怖感が少しずつなくなる、ということはないのでしょうか。

それはないですね。ただ、私は死と向き合う役とは反対に、産婆さんとか産婦人科医の役も何度か演じていますが、どちらを演じていても、生命の不思議さについては考えます。

何もないところから小さな細胞が生まれ、十月十日お腹の中にいて育まれる命。そして、この世に生まれて、人生を終えて、やがて何もないところに還っていく。今回の映画の中でも、そういうスピリチュアルな部分に触れた表現がいくつかありますよね。そういう精神性と向き合うことが、映画の役割であり、人間として大切なことではないでしょうか。そこに想いを馳せると、たしかに死に対して、ちょっと怖くなくなるかもしれないです。

この世にいる誰しも死を経験したわけじゃないので、本当のところはわからないけれど、こんなだったりして、とか、こうだったらいいなという想像を映画の中で楽しんでいたりもする。だから、人間っておもしろいですよね。

死ぬ前の「下顎（かがく）呼吸」は健康な人がやると苦しいね

大貫敏夫

下元史朗

Interview

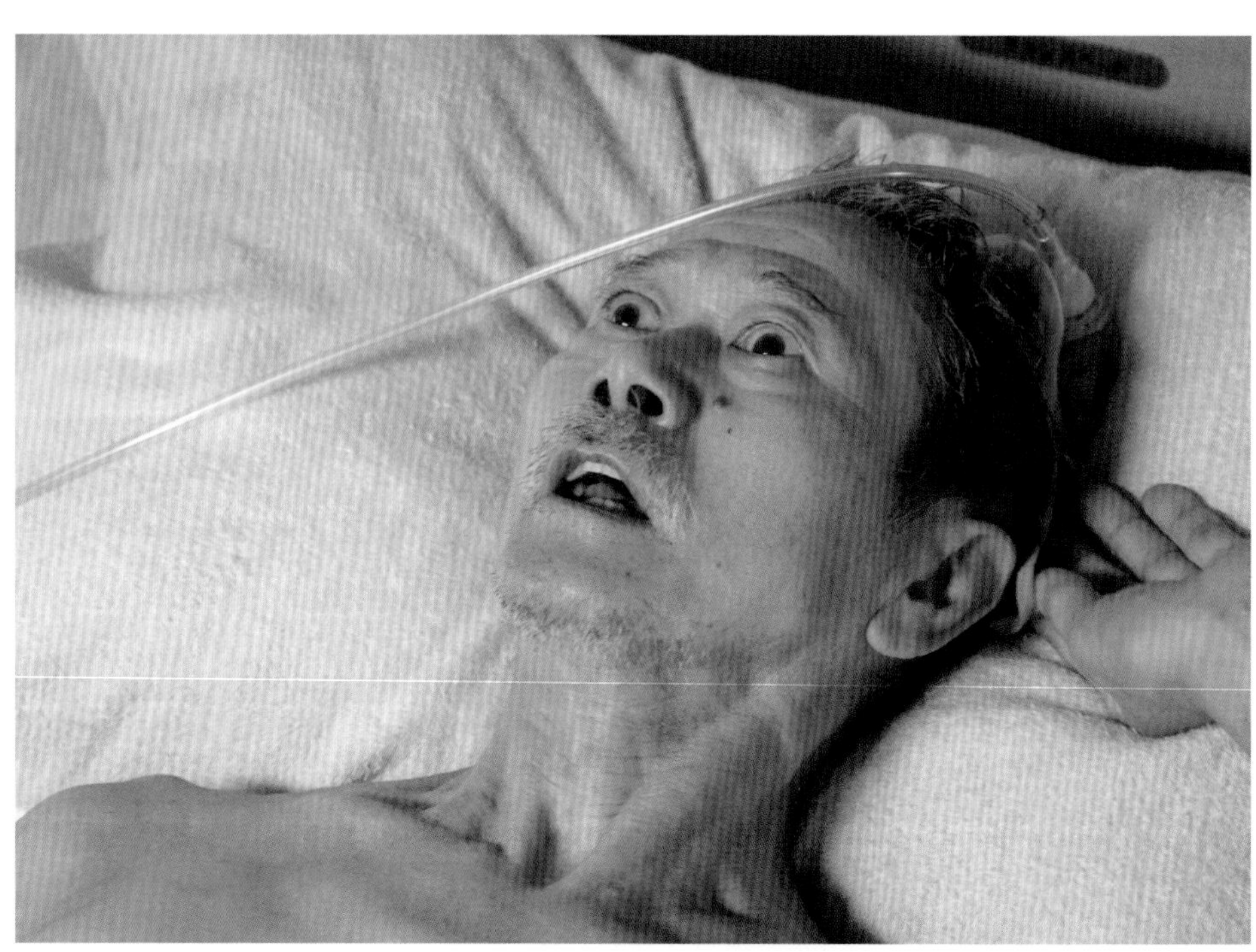

しももと・しろう●1948年8月14日生まれ、大阪府出身。主な出演作品:『現代猟奇暴行史』(72)でスクリーンデビュー後、数多くのピンク映画に出演。その他、『陰陽師』(01)、『ほたるの星』(03)、『火火』(04)、『サンクチュアリ』(05)、『るにん』(04)、『しゃべれども しゃべれども』(07)など。

大貫敏夫／手術や抗がん剤治療を拒否し、娘夫婦と暮らしながら、通院で放射線治療を受けている末期の肺がん患者。自宅療養中に呼吸困難に見舞われて入院するが、自宅で平穏死をさせたいと願う娘の意志で在宅医療を受け始めるのだが……。

——台本を初めて読まれた時は、どう思われましたか。

痛くない死に方というタイトルだけれど、僕は〝痛い死に方〟をする役です。オープニングから前半を通して、とにかく苦しまなくてはいけない。そして息絶えなきゃいけない。どういう見せ方をすればいいのか、いろいろ考えましたよね。

——痛い死に方を演じる上で、一番難しかったのはどんなところでしょうか

息の継ぎ方です。顎を上げて、下げて、上げて、下げて……と下顎呼吸の仕方を長尾先生に教わったのですが、健康な人が下顎呼吸をしようものなら、息を十分に吸えないし、吐けない。それはもうしんどかったです。あとは、リアリティーにこだわりすぎてもいけないし、小細工しても仕方がないので、その加減も難しかったですね。

——たいていの俳優が嫌がりそうなおむつ姿の役を、下元さんは見事に表現してくれたと伴明監督が評価していました。おむつ姿や坐薬を入れてもらうシーンなどに抵抗はなかったですか。

まあ、芝居だと割り切っていますからね。特に今回は、そんなことにあまり気が回らないくらいに、苦しむ演技のほうに注力していましたから。でも最近は、パンツタイプの紙おむつを普段から利用している70代、80代の方たちも結構いますよね。自分もその年齢に近づいてきているという自覚はあります。

——伴明監督とはお付き合いが長いそうですね。下元さんのことを一言で表すなら〝戦友〟だと仰っていました。

嬉しいですね。伴明監督とはお互いにピンク映画時代の頃からの付き合いで、人生の半分を優に超えていますからね。伴明監督は自分の中で決めたことをきっちりやるし、スタッフもそれを理解していて仕事が早い。今回ご一緒したのは5年ぶりくらいですけど、クランクイン初日から3日間かけての現場は楽しかったです。お互いに歳は取りましたが、伴明監督は昔から何も変わっていません。でも、お酒は少し弱くなったかな。

——今回、終末期を演じてみて、ご自身の死生観に変化などはありましたか。

それは、ないかな。50歳を過ぎた頃からいくらか死を意識し始めて、70歳を超えた今はかなり意識するようになりました。でも、リビングウイルを書こうとか、何かを具体的に準備するということではないんです。気持ちというか、覚悟だけですかね。

——下元さんの演じた壮絶な死のドラマがあったからこそ、後半の物語に希望を見出せたように思います。この映画をどんなふうに観てもらいたいですか。

それはお客さんの勝手だから、僕の言えることじゃありません。とりあえず観てもらう。そして感じてもらう。そういう映画だと思います。

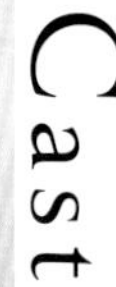

「……死ぬのを待つってこと？」

井上直人

父親を在宅で看取ることを決意した妻・智美に寄り添う夫。仕事から帰った後、智美と交代で義父の看病にあたる。

大西信満

おおにし・しま●1975年8月22日生まれ、神奈川県出身。主な出演作品:『赤目四十八瀧心中未遂』(03)、『実録・連合赤軍 あさま山荘への道程』(08)、『キャタピラー』(10)、『さよなら渓谷』(13)、『ろくでなし』(17)、『楽園』(19)、『MOTHER マザー』(20)など。

梅原典子

大貫敏夫を担当する訪問看護師。医師との連携の悪さと現場経験不足から、患者や家族の要求に応えきれずにいる。

「でも、おうちで亡くなれてよかったですね」

藤本 泉

ふじもと・いずみ●1991年10月21日生まれ、埼玉県出身。主な出演作品:『アオハランド』(14)、『ママ、ごはんまだ?』(17)、『いのちのスケッチ』(19)など。テレビドラマでは『天使のナイフ』(15)、『沈黙法廷』(17)、『凪のお暇』(19)などがある。

「この仕事、パートナーに理解してもらえるとはとても思えないんです」

伊坂 唯

延命が至上命題とされる医療現場に疑問を抱き、大病院勤務医から在宅医に転身。患者と家族にとって本当に必要な医療を施すことに努めている。

大西礼芳

おおにし・あやか●1990年6月29日生まれ、三重県出身。主な出演作品:『MADE IN JAPAN こらッ!』(10)、『イニシエーション・ラブ』(15)、『嵐電』(19)、『花と雨』(20)など。テレビドラマでは『俺のスカート、どこ行った?』(19)、『トップナイフ-天才脳外科医の条件-』(20)、『ギルティ～この恋は罪ですか?～』(20)などがある。

河田涼子

相談もなく在宅医に転身した夫との生活に不満を募らせる妻。限界を感じて離婚を切り出し、話し合いを求める夫に応じることなく家を出る。

「私はお金の安定よりも心の安定が欲しいの」

梅舟惟永

うめふね・ありえい●1988年1月1日生まれ、東京都出身。主な出演作品:『Mogera Wogura モゲラウォグラ』(09)、『エンドローラーズ』(15)、『スプリング、ハズ、カム』(17)、『めがみさま』(17)、『寝ても覚めても』(18)など。テレビドラマでは『花咲舞が黙ってない』(15)、NHK朝の連続テレビ小説『なつぞら』(19)などがある。

呼吸器内科医

高山

呼吸困難で苦しむ大貫敏夫を受け入れた大病院の担当医。在宅医療を希望する智美の意志を尊重し、2週間後の退院を許可する。

「えっ?……そうですか、在宅ですか……」

諏訪太朗

すわ・たろう●1954年8月9日生まれ、東京都出身。主な出演作品:『九月の冗談クラブバンド』(82)、『おくりびと』(08)、『冷たい熱帯魚』(11)、『ヒミズ』(12)、『かぞくのくに』(12)、『シン・ゴジラ』(16)、『最初の晩餐』(19)、『猫と塩、または砂糖』(21)などがある。

「安楽死として、日本では医師が罪に問われる可能性があります」

医療ソーシャルワーカー

白井

ディープセデーションの上手な在宅医の紹介を求める智美に、難しい旨を説明した上で、在宅医の河田と訪問看護師の手配を進める。

田中美奈子

たなか・みなこ●1967年9月12日生まれ、千葉県出身。主な出演作品:『眠らない街〜新宿鮫〜』(93)、『ヘヴンズ・ドア 殺人症候群』(03)、『そこからの光〜未来の私から私へ〜』(20)など。テレビドラマでは『もう誰も愛さない』(91)、『星の金貨』シリーズ(95〜01)などがある。

木遣りについて

木遣り、それは、
木材に関わる人々の間で歌い継がれてきた労働歌。
鳶や大工を弔う時、仲間うちで歌われます。

木遣りの歴史

「木遣り歌」とも呼ばれる「木遣り」は、木材に関わる人々の間で歌い継がれてきた労働歌です。

「木遣り」あるいは「木遣」とは「木を遣る」という言葉が転じたもので、ストレートに解釈すれば「木材を運搬する」という意味です。その意味のとおり、山から切り出した木に綱をつけ、大勢で曳いていく時の掛け声がもとになったといわれていますが、実際には運搬だけでなく、力仕事の際によく歌われていたようです。日本各地に特色ある木遣りが残されており、歌詞や節回し、内容、用語も地域によってかなり異なるようです。

木とそれに関わる労働の中から生まれた歌ですから、由来や発祥はひとつではなく、日本の山々の中から自然と生まれたと考えていいでしょう。「1202年（鎌倉時代／建仁2年）に、京都の建仁寺を建立するとき、お坊さんが重いものを引き揚げる時に掛けさせた掛け声が起源」としているものもありますが、これは一種の権威づけと考えることもできます。

木遣りはやがて、祭礼の山車を曳く際などおめでたい場でも歌われるようになり、歌詞や節回しも固定化され「歌」として成立していきました。すると、労働者たちはこうした場での歌い手としての役割も果たすようになります。そして時代が下がり、産業の変化や機械化などによって労働歌の必要がなくなってくると、おめでたい場で歌うという伝統のみが残ることとなりました。今日でも、冠婚葬祭などハレの日に歌われているのはその伝統を引き継いだためでしょう。

東京で歌い継がれてきたものは「江戸木遣り」と呼ばれることが多く、江戸消防記念会ではこれを「運搬の際に歌われるもの（木曳き木遣）」と「地面を突き固める際に歌われるもの（地形木遣）」に分類しています。どちらも新しいモノ、新しいコトの始まりですから、なおさらおめでたい歌というイメージが根づいたのかもしれません。

葬儀の時になぜ歌うのか

一般的に言えば、ハレの場で歌う歌だから葬儀でも歌うということになるでしょう。冠婚葬祭のしきたりには身分や立場、職業などによる特徴が色濃くあらわれますから、木材に関わる職業の人々の間で木遣りが頻繁に歌われるのも当然といえば当然です。

一方で、同じ行動に携わる者同士が同じ歌

を歌うという行為は、団結心や仲間意識の醸成にも繋がります。木遣りに限らずどんな労働歌も同様で、同じ職業の仲間同士、労働歌を冠婚葬祭で歌うことは、その労働に誇りを持っていることの強いあらわれ。葬儀で木遣りを歌い故人を送ることは、同じ職業に携わってきた仲間からの大きな賛辞でもあるのです。

江戸木遣りは「運搬する歌」と「地面を突き固める歌」に分けられると述べましたが、映画に登場したような建築に関わる職人の木遣りは後者にあたります。映画では江戸消防記念会の正装で歌っていましたが、江戸の町火消しは鳶職人が務めていました。鳶職人のあいだで歌われていた木遣りが町火消しに取り入れられていったのは、ごく自然なことだったのでしょう。

映画で歌われた木遣り

映画で歌われたのは「真鶴（まなづる）」と「手古（てこ）」という木遣りです。

江戸消防記念会では、木遣りを8種110曲に分類していますが、「真鶴」と「手古」はいわば定番曲。なかでも「真鶴」は木遣りを歌う際に必ずといっていいほど冒頭に歌われます。節回しや歌詞に違いはあるようですが、どちらも日本各地で歌われているようです。

歌詞

基本的に「木遣り」や「木遣り師」、「アニ」と呼ばれる先導役がまず独唱し、「側受け」や「受け」、「オト」と呼ばれる大勢の歌い手の斉唱が続きます。実は「真鶴」や「手古」はもともと歌詞らしい歌詞がなく、掛け声の応酬によって成り立っています。

歌詞の意味

前述のとおり、基本的に掛け声ですので、意味を持った歌詞ではありません。母音に節をつけて伸ばす独特の歌い方のため「あー」とか「おー」としか聞こえませんが、ところどころ「やるよー」、「ご苦労ながら」などという言葉も含まれています。

木遣りの中には、意味をなす歌詞を持つものもたくさんありますが、「真鶴」と「手古」は労働歌としての雰囲気を色濃く残した歌と言えるでしょう。

「真鶴」と「手古」の由来

「真鶴」はその名の通り鶴を意味します。内容は「おーい、やるよー（おーい、これから仕事を始めるよー）」といった程度のもので、木遣りの冒頭の定番曲とされているのも頷けます。題名は、一説には「鶴の一声」からきているといわれています。親方の「やるよー」という鶴の一声で職人たちが集まる、そんな光景が浮かぶ歌です。

「手古」は「真鶴」とセットで歌われるもので、「てこを使って重いものを動かす際に歌われた、あるいはてこを使うように重いものを動かすさまを歌ったと考えられます。内容は掛け声の応酬で、「おーい、やれー（引けー）」、「こーれわーせー（わせ＝和せ＝力を合わせ？）」といった歌詞が続きます。まさに仕事のための掛け声、労働歌の中の労働歌です。

いずれも江戸木遣りの定番曲ですが、江戸で作られたという確証はないようです。江戸の町は各地から集まってきた人々によって作られたので、この2曲も町作りに携わった職人によって伝えられたのかもしれません。

「真鶴」

木遣り：オーオーオーイヤルヨー
受　け：エーエー　ヨーオー

「手古」

木遣り：オーイヤーレテー
受　け：テーコーセー　エーエ　イエー　ホーヤーアーネー
木遣り：エーイホー　シメワーヨーイゾー
受　け：アコーレワーセー　エーエ　イエー　ホーヤーアーネー
木遣り：エーイホー　ヤレコレイワーセー
受　け：コーレワーセー　エーエ　イエー　ホーヤーアーネー
木遣り：エイホー　ゴクローナガラー
受　け：コーレワーセー　エーエ　イエー　ホーヤーアーネー

参考
江戸消防記念会（http://www.edosyoubou.jp）
木遣りの杜（https://kiyari.info/）

Report

湯布院映画祭シンポジウム

ゲスト：高橋伴明×奥田瑛二×柄本 佑×長尾和宏

2020年11月14日・大分県由布市湯布院公民館にて行われたシンポジウムより抜粋

湯布院映画祭は、日本映画のファンと日本映画の作り手が出会う場としての映画祭をコンセプトに、1976年に始まり2020年の開催で45回目を迎える。作品上映後には映画監督、俳優などをゲストに迎えてのシンポジウムやパーティーなどが行われ、参加者からの意見や感想、質問が次々に出て白熱する「日本一辛口の映画祭」として有名。

司会　ゲストの奥田瑛二さん、高橋伴明監督、柄本佑さん、この作品の原作者でもあり、医療のスペシャリストである長尾和宏先生です。まずは監督から、映画の最初のとっかかりについてお伺いしたいと思います。

高橋　この年齢になりますと、自分の死に方みたいなことを考え出すんですね。いろいろな本を読んだりしながら在宅医療というものがあることを知り、自分はこれをしたいと思っていた。そういう時期にプロデューサーの小林さんが、こういう本があるけれど映画化を考えられないかと、長尾さんの『痛い在宅医』を持ってこられました。すごくタイミングがいいなと、それで前向きに考えてみようと思ったんです。

ただ、渡された原作は2冊とも小説ではありませんので、ダメな在宅医という話で終わってしまう。やっぱり佑が演じるところの在宅医の河田がもっと成長をしてほしいという思いから、長尾さんが考えているところの、「どう死ぬかということよりも、どう生きるかということの延長での死に方」というのが原案ではないかという感じ方で、あのような後半のドラマを作りました。

司会　長尾先生は、どんな感想を持ちましたか。

長尾　今日、改めて映画を観て泣いてしまって、感無量というその一言です。

先ほど、観ている間にもこの胸ポケットの携帯が10回くらい鳴っていたんですけども、映画に描かれていたことは実際に僕の日常そのものです。在宅医療というのは美談として報じられがちですが、そうじゃない部分も伴明監督にちゃんと映画にしていただいた。

『痛い在宅医』という原作、これは実話なんです。そしてもう一方の原作『痛くない死に方』から、僕が毎日やっていること、尊厳死にも焦点を当ててもらって、そして映画の中で、川柳にもまとめていただいて。自分のライフワークが映画になるというのは嘘みたいですが、現実なんだと改めて実感し、本当に感動しました。

司会　奥田さんは長尾先生がモデルというイメージで捉えて演じていたんでしょうか。

奥田　まさに、長尾先生をモデルにした医師役を私がやらせていただきました。

衣装合わせの時に初めて長尾先生とお会いし、自分なりに役を作るんですけど、役を演じた後になって、いくつか問題点が頭の中に沸々と巡って湧いてきました。ある種の喪失感というか。本当に長尾先生を投影できたのか、さらには、映画の主題である「命の始末のつけ方」が表現できたのか、撮影した後になって彷徨ってしまったというか。しかし、演じる役と現実の自分の折り合いをつけるためにも、この役に呼ばれた者として、何度も作品を観て納得をしていくしかないんです。僕のことを知り尽くしている高橋伴明が監督なのだから、その監督が僕とともに、「命の始末のつけ方」を表現したいと言ってくれたわけだから。監督がＯＫなら、それでいいと。

僕もこれから、人生はあと何年、何年……というふうにものを考えながら生きていくだろうし、そこから振り返って、いろんなものを考えよう、というテーマも持った映画です。そんな想いが皆さんに広がって、理解していただけたら、すごく嬉しいなと思っております。

司会　前半部分の柄本さんが演じる「痛い医者」が、どんどん変わっていくというのは、演じる上で非常に難しかったと思いますが。

柄本　撮影の前に一度、長尾先生のところに勉強に行かせてもらっていて、長尾先生は非常にラフなスタイルなんです。白衣なんか着ていないし、聴診器だけを片手に、あとはチノパンにシャツで、ネクタイもしていない。すごく親しみやすい印象でした。

前半は白衣を着て、ネクタイをちゃんと締めて、眼鏡をかけていて、髪型はあんなふうにして……と、ある種、自信満々なお医者さんということで決めて、後半になってから、長尾先生のラフなスタイルに似た感じにしました。最初にこの2つのスタイルを自分の中でイメージできたので、眼鏡を外したりして、外見も内面も変わっていく感じが出せたのがよかったのかなと思っています。

司会　それでは参加者の皆様からも聞いていきます。感想や質問のある方は挙手をお願いします。

参加者①　今日は本当に極めつきの映画を見せていただきました。高橋伴明監督については今まで撮られてきた作品はほとんど観てきておりますし、監督としての力量は信頼してまいりました。この映画の持っている重さというか、人間が死ぬ時にどういう死に方をしたらいいかということに対して、強烈な問題提起をされてい

ると思います。前半の、あんな苦しい場面ばっかり続いたらもうたまらないだろうなと思って観ていたら、宇崎竜童が出てきたことによって、すごく救われるんです。そこへ、川柳ですな。あれを入れられたことによって、ずいぶんと場面が和やかになって救われるんですよ。あの川柳は、伴明監督が全部、作られたんですね？大したもんですね。

そこで原作者の長尾先生にお尋ねしたいんですけども、さっき涙を流したと言われていましたが、意図したことは全部出ていますか。

長尾　全部出ていたというか、伴明監督がさらに出していただいて、さらに川柳まで作っていただいたので全部以上ですね。「生きることは、食べること」なんていう、私の口癖なんかも台詞に盛り込んでもらいまして。うちのクリニックのスタッフが観たら、驚くくらいですね。

参加者①　ヒッチコックじゃないけど、一場面でも出はったらよかったやん。

柄本　実は長尾先生、出ているんです。いちばん最初に、僕があくびをしますね。あのときに亡くなる方の旦那さんの役で。

参加者②　今年の4月に、96歳でおばあちゃんが亡くなりまして。ホームに入っていたんですけど、劇中に出てくる余貴美子さんのようないい看護師さんがたくさんいらっしゃって、看取った後に記念撮影をするシーンがありましたが、おばあちゃんが亡くなった時もあんな感じで、私たちも、ホームのスタッフの人たちも涙を流しつつ、すごくアットホームな雰囲気で終わったんですね。個人的にそういうことがあって、その時のことに思いを馳せつつ拝見することができました。ありがとうございました。

司会　どこまで映画として……嘘とは言いませんけれども、皆さんが納得できるところまでシナリオでやるかというところが非常に難しかったと思うのですが、そのあたりはいかがですか。

高橋　あらゆる問題は、個人的なことなんですけども、特に「死」というものは、極めて個人的でありながら、個人の思い通りにならない、ということが多いと思うんですよね。

管に繋がれ、ただ、植物人間のようになって生きているということがイヤだと思っても、拒否ができない状態にまでなっていると思うんです。逆に言うと、自由に選べるはずの死が、自分の思い通りにならないという、そういう問題も踏まえつつ、自分としてはこの作品はひとつの死に方の提案です。「こうしなければいけない」とは思っていません。これは個人的に考える死への向かい方、死に方の提案だというふうに思って本作りはしました。

参加者③　僕の両親は96歳と90歳で、足腰ピンピンで歩き回っていて嬉しい限りなのだけれど、もうちょっとすると死んでしまうんじゃないかと思うと複雑で、近所に住んでいながらなかなか行く気がしないんですよ。でも今日、この映画を観させてもらって気持ちが強くなりました。こういうふうにやればいいんだなと。

そこで長尾先生にお聞きしたいんですけど、映画の中で誤嚥性肺炎の話がありましたが、そのあたりのことを詳しく聞きたいです。

長尾　日本では毎年、肺炎で亡くなる人が約10

万人いまして、日本人の死因の第5位なんです（※2019年）。その前までは3位だったのですが、最近、「老衰」と死因に書く医者が増えてきまして——これは喜ばしいことなのですが、高齢者の場合、誤嚥性肺炎で亡くなっても「老衰」と書くケースが増えてきています。高齢者

の肺炎のうち、実に9割以上が誤嚥性肺炎なんです。でも、これは、たとえばお正月にお餅を喉に詰まらせたとか、食べ物の「誤嚥」とは別物と考えていいでしょう。映画の中で奥田瑛二さんが言われたように、寝ている間に唾液などが気管に入り込んで、それでジワジワむせていくのが誤嚥性肺炎です。だから、誤嚥性肺炎は、寝ている間、夜に起きています。

だけど、多くの人が、食事中に食べ物が気管に入って誤嚥性肺炎になると誤解しているんです。看護師さんなんかも誤解しています。それでむせたら危ないので、介護施設などでは、まだ食べられるのに、食べさせない。胃ろうを作らないと、うちの施設では介護できません、というケースがよくあります。高齢者の方が誤嚥性肺炎に一度でも罹ったら、もう、食べたらダメですと。まだ食べられる力が残っているのにもかかわらず、食べたらダメだと、胃ろう栄養にするというのが多いんですね。

でも僕は、奥田さんが台詞で仰った「生きることは、食べること」というのをモットーに高齢者を診ています。だって、食べることが人生じゃないですか。食べることを支援することが、これからの老年医療の大きな役割のはずなのですが、むしろ今、逆行している。誤嚥性肺炎を恐れて食べさせないというのは、違うと僕は思っています。誤嚥性肺炎というのは仕方がない部分があるんです。むしろ食べないほうが起こりやすいとも言えます。なぜなら雑菌が口の中に増えるからです。食べないとカビも生えてきます。どんどん増えてくる。唾液が汚くなる。

医学の解説みたいになりましたが、そんなアンチテーゼも、監督はふんだんに台本に入れてくださった。それが何より嬉しいです。前半のシーンで、坂井真紀さん演じる智美さんが、下元史朗さん演じるお父さんに、そうめんを食べさせるでしょう。映画では、たった1本しか食べられなかったけど、あの瞬間は家族も嬉しいですよね。あれこそ、在宅医療の喜びなんです。在宅看取りは、「食べる」喜びがギリギリまであります。亡くなる前日に、寿司を食べる人も、亡くなる1時間前に、バナナを1本食べる人もいます。

参加者④　面白い作品でした。不穏な前半だったので、後半はすごく温かく感じました。前半

にいろいろと在宅医療の難しい場面がありましたが、ゲストの皆さんは同じような立場に立たれた時に、病院の治療と在宅の治療と、どちらを選ばれるのかなという質問です。

柄本　ちょっとまだ、僕は想像ができないかな。33歳で、娘が3歳なので。いい人生だったなと最後に思えたらいいかなと漠然と思いますが、具体的にはまだわかりませんね。

奥田　これは人それぞれ人生というカテゴリーも含めて、志もあったり、いろいろなことがあると思うんですよ。それは図式的に決められるものではまったくなくて。

じゃあ、太宰治がどういう死生観を持っていたのか、芥川龍之介がどういう死生観を持っていたのか、森鴎外がどうだったのかというと枚挙にいとまがないくらいに、死生観というのはあるわけです。私はこういうふうに生きたい、こういうふうに死んできたいというのは誰しも持っているわけで。

僕の場合は、この映画に携わった時に思いました。それはまだ妻にも言っていないかもしれない。今日は妻がそこに（客席）座っていますけどね。「ちゃんと死にたい」なんて、多分、誰も思ってはいないかもしれない。思っていても答えは出ないと思う。でも、生きていることが大切で、その中で、「さようなら」「グッドバイ」と言えればいいだろうと。

自分がやり残したことがあれば、もっと生きたいと思うだろうし、これで十分だ、満足したという人もいるでしょう。要は、どうやって始末をつけるか？　ということ。

劇中、在宅で亡くなった後に、見送った家族みんなで写真を撮るシーンがありますよね。あの写真を撮った時の家族の笑顔。あそこに象徴されているのではないでしょうか。たとえば、病院に救急車で運ばれて、管に繋がれて、すぐに亡くなれば、それは諦めもつくかもしれないけれど、管をいっぱい入れられて、三ヵ月、四ヵ月となると、家族も疲弊しますよね。そうなっても、ああいう笑顔が出るのか。その時の気持ちは皆さんが決めることではあるけれど。

じゃあ、奥田はどうするのか――。

僕がこの長野医師という役を引き受けたんですから、長尾先生と同じ意識ですよ。そうでなければ、責任をもって出演をするわけはないですし。高橋伴明監督もそうだと思うんです。あえて、どう死にたいかなんて語り合うことはしなかったけれども、言わずもがなで決まっている。人それぞれが積み重ねてきた人生の重み、大人でありたいということと、人生を振り返った時に、家族がちゃんといるということ。そう

いうことを想う、今日この頃の奥田瑛二でございます。

参加者⑤　後半の展開ですばらしい医師の活躍は感じたんですけれども、実際にその現場におられる方は、かなり自分の生活を犠牲にしてやっておられるなというのが、女医の結婚の話だとか、佑さん演じる医師の離婚の話とかで感じました。やっぱり在宅医療の現場は、美談では済まないようなことがあるんでしょうか。

長尾　はい、私もあのとおり離婚しまして……なんで監督が知っていたのか(笑)。まさにあの、映画のとおりでしたね。

とにかく負担がかかる、24時間365日でしんどいんですよ。ドクターでシェアをして、何人かで組むというのが主流にはなっているんですけど、地域によっては「一馬力(いちばりき)」、すなわち一人でやらないといけない。信頼関係があればそれでできるけれど、負担がかかっているのも事実です。映画の中で、大西礼芳さん演じる女医の唯さんが、結婚することへの不安を佑さん演じる河田医師に漏らしていました。何気ないシーンに見えるかもしれませんが、あそこも、問題提起だと思いますね。リアリティがあります。うちのスタッフの看護師さんや女医さんがそうならないように、こう見えても、気を遣いながら育てていますね。

在宅医療が国の施策となっていますが、僕は今までに病院で1000人、1500人を在宅で看取ってきたけれど、1000人看取ったら医者の方が死ぬといわれているくらいなんです。僕の知っている医師でも、実際に死んでしまったり、うつ病になったりしています。訪問看護師も同じで、バーンアウトする人がすごく多いです。訪問看護師さんは、看護師全体のうち、現在2・8パーセントしかいません。訪問看護師だからこその喜びもいっぱいありますが、やっぱり過酷な現場なんですよね。あと、病院の方が若くて格好いい、将来有望な医者もいっぱいいる。在宅医というのは、僕みたいな年寄りの医者ばっかりですから(笑)。ということで、なかなか看護師さんは、在宅の現場には来てくれないというのがあって。だから、余貴美子さんが演じた春ちゃんみたいな訪問看護師がもっと増えてくれたらいいなあと思っています。

最期まで自分らしく生きるために必要なのが「リビング・ウイル」です

協力：公益財団法人日本尊厳死協会

リビング・ウイルとは

回復の見込みがなく、すぐにでも命の灯が消え去ろうとしている時でも、現代の医療は、あなたを生かし続けることが可能です。人工呼吸器をつけて体内に酸素を送り込み、胃に穴をあける胃ろうを装着して栄養を摂取させます。ひとたびこれらの延命措置を始めたら、はずすことは容易ではありません。生命維持装置をはずせば死に至ることが明らかですから、医療者が躊躇するのです。

「あらゆる手段を使って生きたい」と思っている多くの方々の意思も、尊重されるべきことです。一方、チューブや機械につながれて、なお辛い闘病を強いられ、「回復の見込みがないのなら、安らかにその時を迎えたい」と思っている方々も多数いらっしゃいます。「平穏死」「自然死」を望む方々が、自分の意思を元気なうちに記しておく。それがリビング・ウイル（LW）です。

リビング・ウイル（終末期医療における事前指示書）について

①日本尊厳死協会発行の「リビング・ウイル」（以下LW）は、人生の最終段階（終末期）を迎えた時の医療の選択について事前に意思表示しておく文書です。表明された意思がケアに携わる方々に伝わり、尊重され、あなたが自分らしく誇りを持って最期を生きることにつながります。

②このLWは、ご自分が意思表示できなくなった状況において、意に添わぬ、ただ単に死の瞬間を引き延ばす延命措置を受けずに済むようにするものです。一時的に生命維持が困難になった患者の回復を目的とする「救命」を拒むものではありません。

③外傷や神経、心臓、肺などの病気、あるいは遺伝性の病気により、人工呼吸器等の生命維持装置を使い生活されている方にとって、生命維持に関わる措置は延命措置ではないことは言うまでもありません。

④もしもの時、どのような医療を望むか、望まないかはあなた自身が決めることです。これは憲法に保障されている基本的人権の根幹である自己決定権に基づいています。

⑤LWを作成するにあたり、終末期の様々な状態と措置について、当協会や厚労省の資料などから適切な情報提供を受け、内容をよく理解した上で、最善と思う選択をしていただきます。

⑥LW作成にはかかりつけ医や医療チーム、訓練を受けたアドバイザーから十分な説明を受け、ご家族を含めた話し合いを繰り返し、よりよい選択をすることを推奨します。この相談過程をアドバンス・ケア・プランニング（Advance Care Planning：ACP）と言い、現在、LW作成に望ましい形とされています。

⑦ご家族や医療者との話し合いや合意は望ましいのですが、最も優先されるべきはご本人の意思です。LWを作りたくない方は作る必要がなく、強制されたものは無効です。大切なことは、医療者、ご家族、あなたをサポートしてくれる方とLW情報を共有し、

理解し合えることです。

⑧このLWは、署名者本人の考え方が変われば、いつでも破棄、撤回することができます。病状の変化、医学的評価の変更があれば、人の常として気持ちが変わることもあります。たとえば、年の初めや誕生日などにご自身の意思を確かめておくのも大切です。

人生の最終段階（終末期）とは

かつては終末期という表現をしていましたが、人生の最終段階には、がんの末期のように、予後が数日から長くとも2～3ヵ月と予測が出来る場合、慢性疾患の急性増悪を繰り返し予後不良に陥る場合、脳血管疾患の後遺症や老衰など数ヵ月から数年にかけ死を迎える場合があります。どのような状態が人生の最終段階かは、患者の状態を踏まえて、医療・ケアチームの適切かつ妥当な判断によるべき事柄です。（厚労省「人生の最終段階における医療の決定プロセスに関するガイドライン」より引用）

認知症については、生命予後が極めて悪くなるような身体症状の出現をもって末期と考えます。

生命維持に対する措置とは：人工呼吸器装着、中心静脈管や胃管などを通した人工栄養補給、水分補給、人工透析、化学療法、抗生物質投与、輸血など。

尊厳死の宣言書
（リビング・ウイル　Living Will）

私は、私の傷病が不治であり、かつ死が迫っていたり、生命維持装置無しでは生存できない状態に陥った場合に備えて、私の家族、縁者並びに私の医療に携わっている方々に次の要望を宣言いたします。この宣言書は、私の精神が健全な状態にある時に書いたものであります。したがって、私の精神が健全な状態にある時に私自身が破棄するか、または撤回する旨の文章を作成しない限り有効であります。

①私の疾病が、現在の医学では不治の状態であり、既に死が迫っていると診断された場合には、ただ単に死期を引き伸ばすためだけの延命処置はお断りいたします。

②ただしこの場合、私の苦痛を和らげるためには、麻薬などの適切な使用により十分な緩和医療を行ってください。

③私が回復不能な遷延性意識障害（持続的植物状態）に陥った時は生命維持装置を取りやめてください。

以上、私の宣言による要望を忠実に果たしてくださった方々に深く感謝申し上げるとともに、その方々が私の要望に従ってくださった行為一切の責任は私自身にあることを付記いたします。

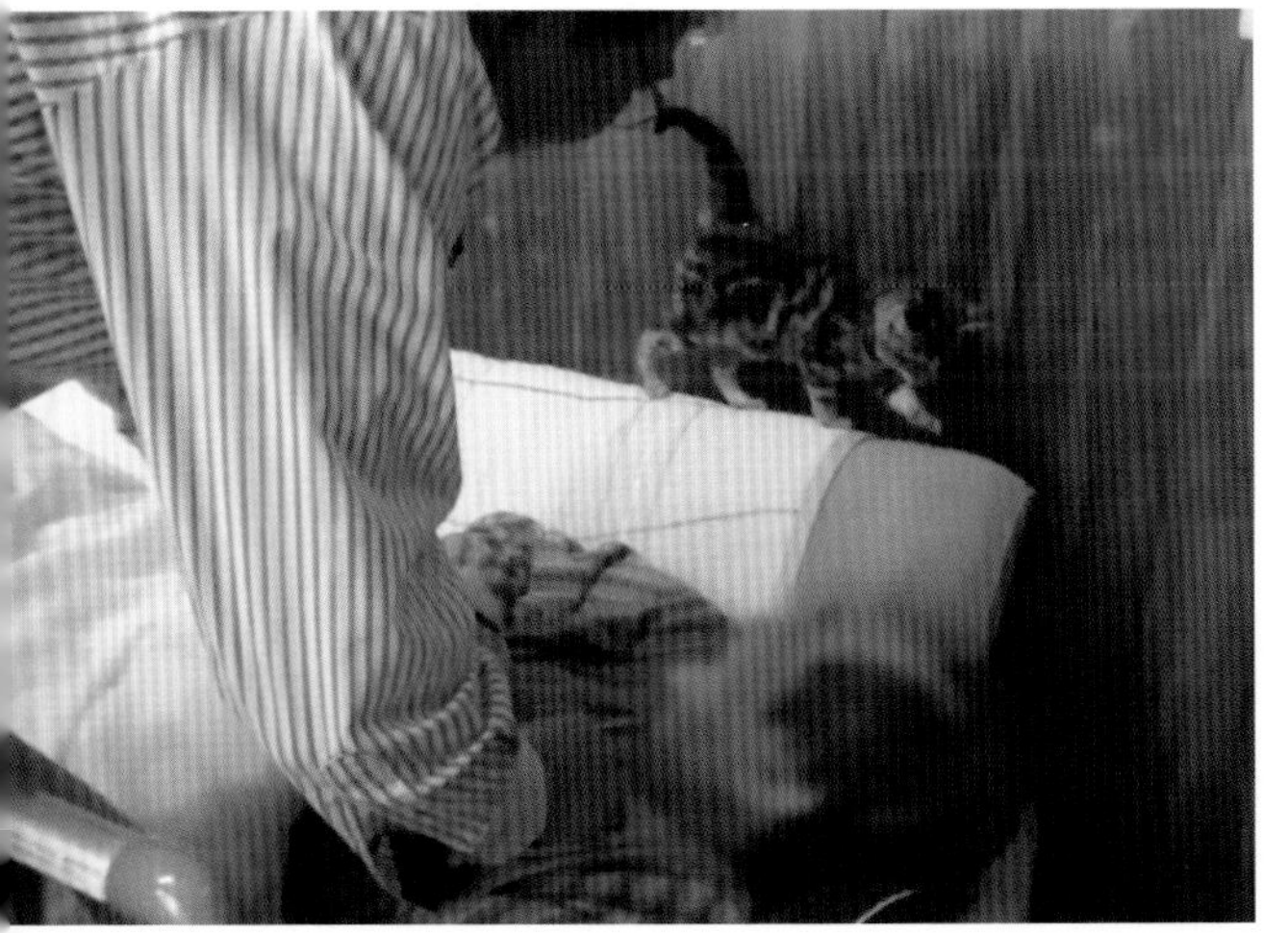

平穏死10の条件

長尾和宏

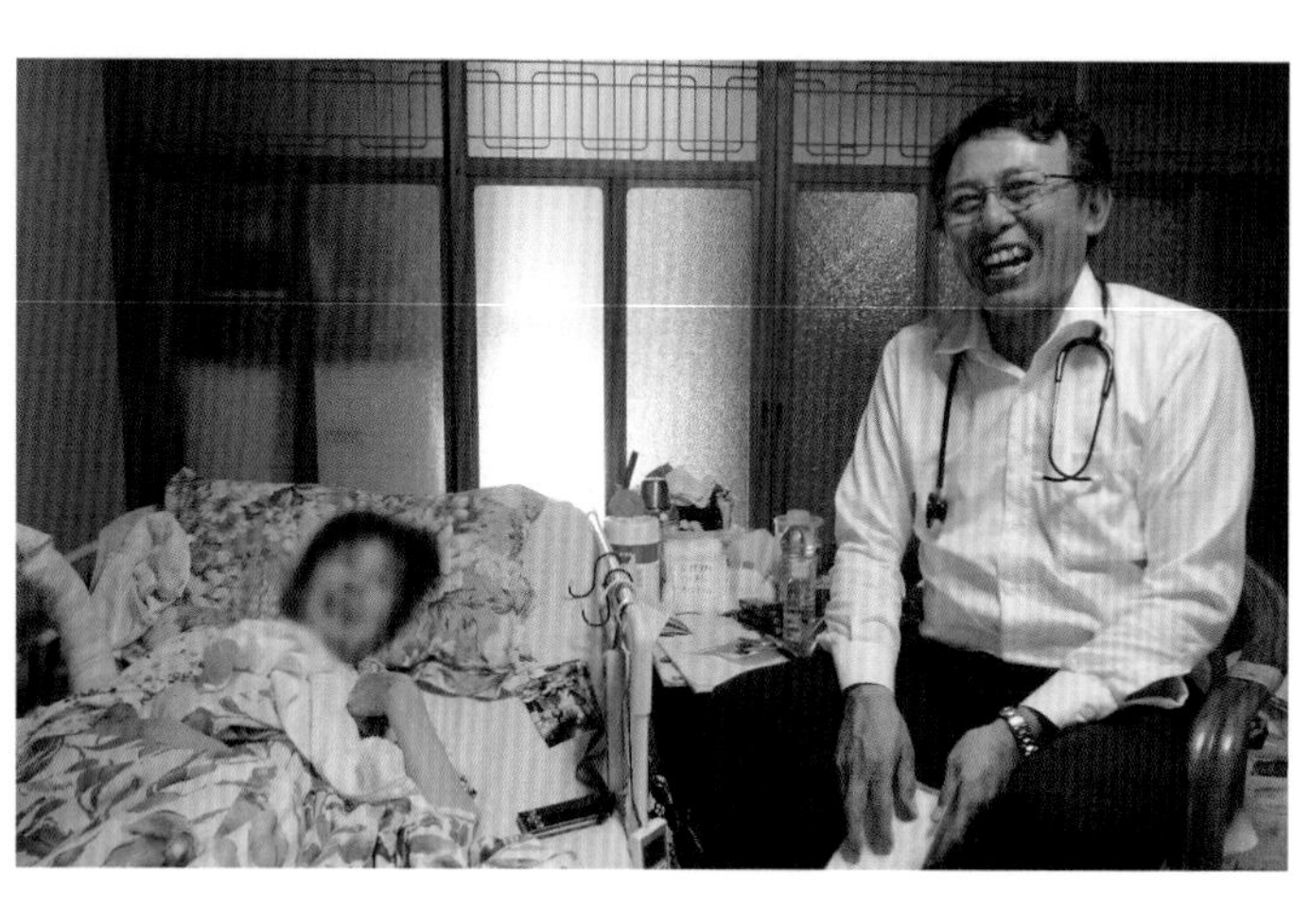

昨今、病院医療は加速度的に進歩し、年々さまざまな延命治療が可能となり、どこが人間の最期なのか、よくわからなくなってきています。拙著『「平穏死」10の条件』が世に出て、ベストセラーになったのは2012年。その頃には行われていなかった手術が行われるようになったり、年間数千万円もかかる免疫チェックポイント阻害薬が、がん治療で使われたりしています。

しかしそれでも、人はいつか必ず死にます。死を少しだけ遠ざけることができても、死を避けることは100%できません。医療の加速度的な進歩とは対照的に、「人生の最終章」つまり終末期という言葉の意味が、わからなくなってきているように感じます。

私の仕事は、町医者としての外来診療と在宅医療です。在宅患者さんのお看取りの半分は末期がんの方で、もう半分は老衰や認知症、神経難病などの、いわゆる非がんの方です。どちらにしても、在宅で死期が近づくにつれ、家族には肉体的にも精神的にもそれなりのご負担がかかります。「最期はすごく苦しむのではないか」「私たちに看取りなんてできるのだろうか」と不安になり、こうも訊かれます。

「先生、死ぬ時ってすごく痛いのでしょう？どんなふうに痛いの？」

どうなのでしょうか。

私はまだ死んだことがないのですごく痛いかどうかはわかりません。それに、痛みというものには個人差があり、1000倍ほどの違いがあるとも言われています。

だけれども、在宅医としてご自宅で平穏に亡くなられた方をみると、どうやらそれほど痛くはなさそうです。ご自宅のご臨終では、苦痛に歪んだ顔をされて亡くなった人を、私は見たことがありません。

看取りの直後にご家族が、「痛がらず、苦しまず、眠るように逝きました。家で看取って本当によかったです」と仰る場合が多い。「死」というのは必ず「痛み」とセットであると多くの人が考えています。しかし実際はどうなのだろう？

平穏死を無事に遂げるためには、いくつかのポイントがあります。それをわかりやすく10の条件という形でまとめてみようと思います。

平穏死の条件1

平穏死できない現実を知ろう!

- 8割の人が平穏死を望むも8割が叶わない
- 8割が管だらけのまま最期を迎えている
- 自宅での平穏死を望んだ大橋巨泉さんも3ヵ月集中治療室で過ごして最期を迎えた

「8割の人が平穏死を望んでいるにもかかわらず、8割の人が平穏死できない」これは、「平穏死」という言葉の生みの親、石飛幸三先生の言葉です。私はその最大の理由は、皆さんが「平穏死ができない現実をまったく知らない」からだと思います。

終末期の患者さんが病院に入院すると、延命治療を受けるのがいわば必然です。延命治療でいったん回復するまではいいのです。しかしいざ延命治療が始まってしまうと、本人やご家族が希望しても、途中で中止するのは困難です。

認知症の終末期になると、誤嚥性肺炎を起こしやすくなります。本人に自己決定能力がないので、医師が胃ろうを提案する時は、家族に判断が委ねられます。拒否すると「このまま餓死させるのですか」と脅され、とりあえず胃ろうをつけることに同意する家族がほとんどです。また、遠くの親戚から、「まだ生きられるのに死なせるのか」と責められ、どこか腑に落ちないまま胃ろうを造設してしまうことも。

「平穏死」を妨げているのはこうした「終末期医療への無関心」ではないでしょうか。医療者も患者も市民も、死や終末期医療に正面から向き合わずにここまできました。終末期に入院するかどうか、食べられなくなったらどうするか、特にこの2点について、元気な時から家族と話し合っておくことが重要です。

平穏死のための第一の条件は、こうした、望んでも簡単には平穏死できない現実をまずは知っておくことです。

平穏死の条件2

看取りの実績がある在宅医を探そう!

- 『さいごまで自宅で診てくれるいいお医者さん』(週刊朝日ムック)などを参考に
- なんと言っても相性が大切で、チェンジも可能
- 在宅医は厚労省に在宅看取り数を届けている

本気で平穏死を希望されるなら、まず在宅医療を選択肢の一番目にイメージしてください。訪問治療だけでなく往診にも対応してくれる、さらに看取りの実績のある在宅医を探すことが大切です。

訪問診療は、あらかじめ申し合わせた曜日の決められた時間に医師が訪問すること。それ以外の時間に患者側の求めに応じて診察に向かうことを往診といいます。緊急の求めに応じてくれない在宅専門クリニックもあるので注意が必要です。

２００６年に、国は「在宅療養支援診療所制度」を創設しました。超高齢化社会を見据えて国が本格的に在宅医療推進を表明したのです。24時間３６５日体制で訪問診療や訪問看護を提供し、介護や後方支援病院と密接に連携しながら、最期の看取りまで行う診療所群としてイメージされましたが、名ばかりの診療所が半数以上を占めていました。そこで、ちゃんと在宅看取りまでできる在宅医選びが重要になります。新聞、書籍、インターネット、口コミ、患者会、ケアマネジャーからの情報を大いに活用してください。病院の地域連携室や市町村医師会に直接問い合わせるのもいいでしょう。私のところの患者さんほとんどがクチコミでいらっしゃいます。

そして医師との相性も非常に重要です。目星をつけた在宅医のところに、風邪の折にでも受診してみて、かかりつけ医としてふさわしいかどうかを見極めてください。できるだけ元気なうちから、かかりつけ医を探しておくことが大切です。

平穏死の条件３

勇気を出して葬儀屋さんと話してみよう

- ・まずは家族が、死後のことを考えよう
- ・事前相談会に参加したら、何かが変わる
- ・死後の準備も自分でする人が増えている

平穏死とは、旅立っていく本人だけの問題ではありません。見守る家族の気持ち、満足感も含めての平穏死です。平穏死とは、死ぬ瞬間のことだけではなく、「生」と「死後」をも含めた一連のプロセスを指すのです。

　末期がんの場合は、在宅療養期間の平均は約1ヵ月半です。一方、非がんの場合は極めて長期に及ぶ可能性があります。特に認知症の場合は、気がついたら自己決定が十分にできなくなっている場合もあります。元気なうちに勇気を出して葬儀屋さんと話してみましょう。縁起でもないと考えずに、人生の折り返し地点をすぎたら、自分の最期や死後についての希望をご家族と話し合っておくべきです。

　私は、いよいよ余命あと数日となったら、本人のいないところでお見送りの話をします。ご家族は皆さん悲しみますが、これは「予期悲嘆の実行」といい、本当に亡くなった時の悲しみを軽減させ、冷静な行動を取れるようにするものです。病院では通常、患者さんをできるだけ長く生かすことだけを考えるので、亡くなった後のことまでご家族にシミュレーションしてもらうという発想はありません。死を自然の摂理と捉える町医者なら、悲嘆に対する免疫をつけるのに少しは役立つかもしれません。

　平穏死のための第3の条件は、ご家族があらかじめ死について話し合い、死への免疫をつけておくことです。終活ブームを背景に葬儀屋さんへの事前相談の件数は増えているとのこと、よい傾向だと思います。

平穏死の条件４

平穏死させてくれる施設／病院を選ぼう

- ・さまざまな施設の特徴を知ろう
- ・ホスピス神話を捨てよう
- ・本当に最期まで診てくれますか？　と尋ねよう

最期を自宅で迎えたいと思っていても、さまざまな事情でそれが叶わない人が多いのも事実です。特別養護老人ホーム、介護老人保健施設、療養型病床、老人ホーム、グループホーム、ケアハウス、そして最近急増しているサービス付き高齢者向け住宅などがあります。病院、自宅に次ぐ「第3の最期の場」といわれるこれらの施設での看取りが今後大きな鍵を握っています。

　大きな病院は救急医療、高度医療、専門的医療を受けるためのものです。慢性期医療、終末期医療には向いていません。有名病院には、マスコミの影響で名医を求める患者や家族が押しかけます。しかし、ドクターXのような成功率１００％の外科医なんて、いません。

　緩和ケア病棟や施設ホスピスでの平穏死はどうでしょうか。一般に日本人はホスピスへの憧れが強すぎるのではないか。苦痛がゼロになるイメージを持っているのでしょうが、需要に対してホスピスの病床数は圧倒的に少ないので、そこに入ること自体が狭き門になっています。入院待ちのまま一般病棟で亡くなられる患者さんも多いのです。

　特別養護老人ホーム、介護老人保健施設、療養病床やグループホームでは、事故を防ぐために胃ろうの造設が奨励されるところが多く、またサービス付き高齢者住宅や小規模多機能ホームなどでは、入所者の最期が近づくと救急車で病院搬送となるケースが珍しくありません。

　つまり、施設を終の棲家と決めた場合、病院に搬送せずに平穏死を迎えさせてくれる施設を選ぶことが重要になります。

平穏死の条件5

年金が多い人こそ、リビング・ウイルを

・**親族のもめごとの火種になるようなことは自分が元気なうちに対策を**
・**日本尊厳死協会に入会する**

在宅医療に携わっていると、時折、患者さんのご家族が、患者さんの延命に必死になっている場合に出くわします。もちろん一秒でも長く生きてほしいという気持ちもあるのでしょうが、植物人間になっても必死で延命しようとし、肺炎でも起こさせてしまったら管理不十分として激しく怒られることもあります。大抵の場合、その患者さんには多額の年金が支払われていて、延命が目的なのか、はたまた年金が目的なのかがわからなくなっている介護者を何人も見てきました。患者さんの死は家族にとってはまさに死活問題。本人の尊厳とは無関係に、フルコースの延命治療を希望されるのです。

不景気で経済状況が厳しいなか、死亡届を出さずにいたご家族の気持ちが想像できないわけではありませんが、年金の不正受給は大きな社会問題です。平穏死を考える時、多額の年金が穏やかな旅立ちを妨げる要因になる場合があります。

年金だけでなく財産も同じです。多額の年金を受給する予定の方や、財産をお持ちの方は、ご自分が元気なうちに対策を立てておくべきです。死んでから効力を発揮する遺言ではなく、生きているうちに自分自身の延命治療に関する意思を、「リビング・ウイル（LW）」にして残すべきです。

公益財団法人・日本尊厳死協会は、45年の歴史がある会員数11万人の市民団体で、LWの普及啓発と管理を行っています。意思表示ができる方ならどなたでも、軽い認知症があっても、LWを表明できます。

平穏死の条件6

転倒→骨折→寝たきりを予防しよう

・**転倒・骨折から認知症になることも**
・**"ロコトレ"と"骨粗しょう症対策"**
・**頭と体を同時に働かせる「コグニサイズ」をやってみよう**

歳をとるということは、筋肉量が落ちることでもあります。これをサルコペニアと言います。その結果、日常動作が困難になり転倒しやすくなりますが、これをフレイルと言います。こうした転倒・骨折という不測の出来事が、悪循環の始まりとなる場合がよくあります。さらに寝たきり状態に陥ると、廃用症候群（長期間寝たきりが続くことによって起こるさまざまな機能の低下）、誤嚥性肺炎の繰り返し、そして胃ろうの造設というコースが予想されます。

転倒予防は本当に大切です。昨今は「ロコモティブシンドローム（運動器症候群）」という概念が提唱され、ロコモ対策としての運動が推奨されています。また、認知症の予防運動として、「コグニサイズ」という、計算をしながら歩くというような体と頭を同時に働かせるプログラムもあります。

私はややこしい運動よりもシンプルに、歩く習慣を勧めています。毎日5分でも10分でもいいので、両手を手ぶらにして胸を張り、肘を後ろまで引いて歩く指導をしています。歩行は認知症予防にもなります。

平穏死のための条件のひとつは、いかにして寝たきりにならないかです。そのためには、一にも二にも転倒予防につきます。「転ばぬ先の杖」とはまさに超高齢社会にふさわしい言葉です。要介護の方はケアマネジャーさんとよく相談して、住宅改修や転倒予防のための手すりの設置など、ご自分に合った転倒対策を真剣に考えてください。

平穏死の条件 7

脱水は友。胸水・腹水は安易に抜いてはいけない！

- **終末期の脱水は悪いことではなく、味方**
- **利尿剤と自然な経過で、“待つ”こと**
- **自然な省エネモードを見守る勇気を**

現代人は「脱水＝悪」と刷り込まれているように感じます。脱水に関しては、病院の医師と私とで一番意見が違うところかもしれません。

夏場の熱中症が増え、脱水対策が以前にもまして叫ばれています。急激な脱水は命にかかわることもあるため、素早い対応が必要です。ただしこれは、元気な人に脱水症状がでた場合の話。すでにがんや老衰で不治かつ末期の状態になり、これから平穏死に向かおうという場合、ゆっくりと脱水が進むことは決して悪くありません。脱水状態では体全体は省エネモードに入っていて、心臓に負担がかからないため心不全になりにくい。ベッドの上でも呼吸は楽です。浮腫も少ない。胸水や腹水に悩まされることも少なくなります。

よく、「胸水や腹水を抜く」と言いますが、水分と一緒にアルブミンという貴重なタンパク質、栄養素も抜いてしまっています。

そもそも人間の生存に水分は必須です。口から飲めない状態になったら、体内にある水分を使うようになります。胸水や腹水はいわばラクダのコブ。安易に抜いたら損をします。すでに省エネモードに入った臨終期の患者さんに多量の点滴をすることは、腸閉塞や腹水を憎悪させ、苦痛を増すだけです。脱水をただ見守るのは勇気がいることかもしれませんが、在宅療養では最期まで何かしら食べられる鍵はここにあるのです。知り合いの葬儀屋さんがこう言っていました。「自宅で平穏死した方のご遺体は軽いが、病院で延命治療された方のご遺体はずっしり重いんです」。

平穏死の条件 8

緩和医療の恩恵にあずかろう！

- **モルヒネは怖い薬ではない**
- **命を縮めることもない**
- **がん以外でも麻薬が使える**

苦痛を和らげる緩和医療に関して、ＷＨＯで使用方法が定められています。痛みを軽減させるために必要な麻薬の量は、患者さんごとに、また病気の段階でまったく違います。そのときどきに適した投与量を探る作業を「至適容量設定（タイトレーション）」といい、段階的に増やしていく場合もありますが、減らすこともあります。マニュアルよりも「痛み」に耳を澄ます感性が、平穏死を担う医療者には求められます。

しかし患者さんやご家族のなかには、麻薬に対して恐怖心を抱いている人が少なくありません。医療用麻薬には、命が縮まる、死ぬ前の最後の薬、中毒になるなどの誤ったイメージが根強くあるようです。

日本における麻薬使用量は、国際的に見てかなり少ないことが指摘されています。我慢強い国民性なのか、それとも医師が患者の痛みに鈍感なのか。おそらくその両方でしょう。日本においては医療用麻薬は厳格に管理されているので、米国のようにオキシドコン中毒の人は皆無と言われています。いずれにせよ、緩和医療が平穏死の土台として必須なのは間違いありません。

痛みとは、肉体的なものだけではありません。それ以外に、精神的な痛みや社会的な痛み、魂の痛みがあります、お薬以外にもアロマテラピー、タッチケア、傾聴、音楽、カウンセリング、宗教なども総動員して総合的な痛みに寄り添うのが在宅医の使命です。緩和医療というよいものがこの国にあることを知り、安心してその恩恵にあずかってください。

平穏死の条件9

救急車を呼ぶ意味を考えよう！

・救命処置をしてくれという意思表示
・それが延命治療へと続くこともある
・在宅看取りと決めたら呼ばないこと

「救急車を呼ぶ」ということは、蘇生、それに続く延命治療への意思表示です。たとえば高齢の方が、食事の最中にご飯を喉に詰まらせて呼吸停止してしまった、家族が慌てて救急車を呼ぶ、心臓マッサージでなんとか心拍は再開しましたが、人工呼吸器をつけられてしまう。2週間目には気管切開が施され、1ヵ月後には胃ろうが造設される。「穏やかな最期を迎えさせたい」と思っていても、その逆になってしまい、「こんなはずじゃなかった」と後悔する……。非常に多くあるケースです。

蘇生処置で息を吹き返した後は、やがて延命治療に移行します。しかし、一度開始された延命治療は、LWがない限り現在の社会状況では家族や友人の判断だけでは中止できません。中止した医師が殺人罪に問われる可能性が高いのです。

在宅でゆっくりと診てきて、余命あと1日、というところでいざ呼吸が止まると、気が動転した親戚などが救急車を呼んでしまう場合があります。救急隊が到着した時に、心停止から時間が経っていたら、警察が呼ばれます。

私は、在宅看取りをすると決めたら、慌てずに在宅主治医に電話して待つようにとしつこく話します。

そのためには、病気の終末期や老衰になったら、大きな病院に主治医がいても、往診してくれる地域のかかりつけ医を持つことです。病院の専門医とかかりつけ医の二刀流が、超高齢社会での医療の基本形。普段から、救急車を呼ぶ意味をよく考えましょう。

平穏死の条件10

医師法20条を誤解するな！

・24時間ルールを誤解している人が多い
・在宅看取り＝警察沙汰ではない
・看取りの法律を正しく理解しよう

さて、平穏死を迎えるための最後の条件です。在宅看取りをすると、不審死と扱われて警察沙汰になりやすい、という間違った刷り込みは、この医師法20条という、在宅看取りの守り神のような法律の誤解に起因しています。

〈医師法20条〉

「医師は、自ら診察しないで治療をし、若しくは診断書若しくは処方箋を交付し、自ら出産に立ち会わないで出生証明書若しくは死産証明書を交付し、又は自ら検案をしないで検案書を交付してはならない。ただし、診療中の患者が受診後二十四時間以内に死亡した場合に交付する死亡診断書については、この限りではない」

このように、ご家族から呼吸停止の連絡を受けたあと、患者さんの家に行かなくても死亡診断書は書けるのです。この法律はおおらかな看取りを保証してくれています。しかし、どこでどう間違ったのか、「24時間以内に診察していなければ、死亡診断書は発行できない、つまり警察を呼ばなくてはならない」と誤解している医療者の多いこと！　24時間以内に主治医が診ていなくても、元々の病気でなくなったことが明らかであれば、あとで主治医が往診すれば死亡診断書を書けます。翌日でも翌々日でも大丈夫。在宅看取りは警察とは無関係。

自然な死は、事件ではありません。そもそも医師法20条という法律こそが、平穏死の最大の味方なのです。

けったいな町医者

最期まで自宅で過ごしたい。痛くない死に方がしたい。

2500人を看取った尼崎の町医者に迫ったドキュメンタリー映画

家が病室で、町が病棟や――。病とではなく、人間と向き合う医者が、そこにいた。『痛くない死に方』と同時公開!

皆さんは「町医者」「在宅医」という言葉にどんなイメージをお持ちだろうか? 白衣を着て、美人の看護師を連れて、大きなカバンを持って、なんだか威張っている……。そんなイメージをちゃぶ台返ししてしまう町医者が尼崎にいた。好きな食べ物を食べたい。最期まで自宅で過ごしたい。痛くない死に方がしたい。患者さんと家族の想いを守るために、町医者は今日も全力で走る、怒る、泣く、歌う、そして看取る。下町を舞台に、生と死を見つめる問題作が誕生した。

ナレーション:柄本佑

製作:人見剛史/内槻朗/小林未生和
エグゼクティブプロデューサー:鈴木祐介/見留多佳城
企画:小林良二　企画協力:小宮亜里　プロデューサー:神崎良/角田陸
監督・撮影・編集:毛利安孝　制作会社:G・カンパニー　配給・宣伝:渋谷プロダクション
2020/JAPAN/stereo/DCP/116min

圧倒的なパワーを放つ『けったいな町医者』の背中を追う

監督 毛利安孝 Interview

——毛利監督は、映画『痛くない死に方』では、助監督としてお仕事されました。過去にも高橋伴明監督とタッグを組まれたことがありますが、この作品に助監督として参加された経緯は？

高橋監督とは、もう25年近く前になりますか、右も左もわからない新人助監督時代からカチンコを打たせていただいて、この作品で6本目になります。敬愛する高橋監督がメガホンをとるなら、何が何でも参加したいと思いました。助監督のオファーをいただいた時には、末期がんで命を落とす大貫という役で下元史朗さんが出演されるのが決まっているとお聞きしました……そして宇崎竜童さんにもオファーされていると……『TATTOO〈刺青〉あり』という僕たちがものすごく影響を受けた映画を思い出して、もう震えましたね。『TATTOO〈刺青〉あり』から40年たった男たちの「生き様」をもう一度観られるのだと、スタッフというよりはファン的心境でワクワクしました。

高橋監督は現場では豪快で、かつ、どんとスタッフに任せてくれるところがあります。その監督がこの船を出すぞと言ってくれたのですから、乗り込む以外の選択肢はありませんでした。

——いろいろな監督とお仕事されてきたと思いますが、高橋伴明監督は他の監督と何が違うのでしょうか。

言葉にしてしまうと陳腐になってしまいますが、とにかく格好いい。ヤクザの組長によくたとえられますが（笑）男が男に惚れるというか、トップに立つ人の人間力とも言えるものが溢れています。その作家性も含めて、非常に監督力が高い方です。

——今回、テーマとしては、今までの高橋監督の作品とは一線を画していると思われる方も多いようですが、どう思いますか。

僕は映画評論のようなおこがましいことはできませんが、今まで「動」だったものが「静」に見えても、「性」より「生」を描くという意味でも、ずっと監督の作品の奥底に流れるものには一貫性があり、その美学や宗教観、死生観は、さまざまなテーマにおいて多重的に織り込まれていると感じます。御年七十を超えられてもなお非常にアクティブに、死のその瞬間まで自分らしくいようとする姿が、この映画とオーバーラップします。

毛利安孝（モウリ ヤスノリ）●1968年7月26日生まれ、B型、大阪府東大阪市出身。1987年より映画監督浜野佐知に師事。以降50本近く成人映画作品の助監督を担当。1991年よりフリー商業映画助監督として活動。おもに高橋伴明・黒沢清・廣木隆一・磯村一路・塩田明彦・清水崇監督作品で助監督を務める。

――『痛くない死に方』を撮り終えたあとで、原作者の長尾和宏先生を追いかけたドキュメンタリー『けったいな町医者』の監督をされています。

長尾先生は尼崎を拠点として在宅医をされている方です。僕も大阪で生まれ育ったので、尼崎という町や、人の独特のエネルギーや空気感は知っていました。『痛くない死に方』の現場にいらっしゃった長尾先生の言葉や著作、ブログに触れているうちに、高橋監督とはまた別のエネルギーの塊だなと思いました。そのエネルギーは、僕が尼崎という町から感じるものに非常に近かった。

当初は短いDVD特典くらいの長さの映像をオファーされましたが、1、2週間で撮るなら、それは「取材」に過ぎないだろうと。いや、この先生を2、3ヵ月追ったらドキュメンタリーとなり得る、これは面白いぞと直感したんです。そこは僕の、作り手側の興味です。

――ワンシーズンの長い間、ずっと長尾先生と一緒に過ごされて、さぞかしパワーが必要だったことだろうと想像します。ぶつかり合うことはありませんでしたか。

いつもは、僕は劇映画を制作している側の人間なので、ドキュメンタリーというジャンルに対してはまったくの素人でした。どこまで演出というものが介入していいのか否か、常々疑問を持っていました。そんな僕なりの答えとして今回の撮影は、とにかく、ただターゲットの背中を追おうと思ったんです。長尾先生が動く3歩後ろをただ追う。先生に何かしてもらう、動いてもらう、準備しておいてそこに入ってもらう、そういう演出や指示を一切排除することを自分にルールづけたのです。もちろんあとで編集することによって、流れのよさとか、わかりやすい構成などは作りました。また、自然と先生の近くにいるために、仰々しい機材は廃して、家庭用カメラに毛が生えたくらいのもので撮影しました。そのため、僕の手のブレやノイズも、勘弁してもらうしかありません。

先生は、患者さん宅の小さな部屋にも入り込むし、カメラが入れない場所も非常に多かった。そういうところには無理に入りませんでした。でもそういう時に限って、伝えたい言葉や感動的なご家族の言葉などがあり、悔しいことも多々でしたが、ルールなので仕方ないと諦めました。

こうした撮影方法だったせいか、長尾先生に怒られることもありませんでしたし、もちろんぶつかり合うこともありませんでした。

――長尾先生の映画の撮影隊、というような立ち位置ではなかったのですね？

僕は長尾先生の助手、と紹介してもらっていました。こちらからご家族に話しかけることもしませんでしたし、もちろん何の動きもお願いしませんでした。足元にある邪魔なものをどけてもらうこともしませんでした。

長尾医師のイベントで挨拶する毛利監督

――作り手の意図が入らない、ドキュメンタリーの王道を観た気がしました。

確かに、ドキュメンタリー作家さんたちは、ご自身の視点を盛り込むことで個性的な作品を作り出そうとされている方もいらっしゃいます。でも、僕はそうしたくなかった。じゃあお前は何をやったんだと問われると困りますが、長尾先生が日々格闘されている現場では、予定通りのことが何ひとつ起きないんですよ。予定通りだったのは、撮影中に「長尾和宏一人紅白歌合戦」が開催されるということだけ（笑）。だからただひたすら突発的に起こる状況に対応している先生を追うのみです。新人ドキュメンタリー作家の〝まなざし〟とでもいえば語弊がないのかもしれません。

長尾先生にも、尼崎にも、ものすごいパワーが宿っていて、じっとただ撮り続けていれば、その間にどんどん事件が起きるんです。放っておいても誰かが喋るし、そこにはなぜか必ず話のオチがつき、悲喜こもごもがある。それって町の法則ではないですけど、尼崎気質というか、それはけったいで圧倒的なものでした。いっそカメラを定点で置いておくだけで何か起きますよ、あの町では。皆さん日常の中に笑いの要素を持ってらっしゃるし、その環境の中で27年間も開業医として鍛えられている長尾先生は、人の話を聴く力も、要点をまとめる力もお持ちです。町と長尾先生のバランスがいいんですね。

――非常に個性的な町に、個性的な町医者がいる、と。

そうですね。赤ひげ先生ですね。黒澤明監督の。こんな町で、人の家にまで上がり込んで診てくれる、そのバイタリティがすごいですよね。人の家に上がるだけで体力使いますし、気も遣います。病気だけ診るのではなく、患者から話を聞いて信頼を得る、減薬のためのアドバイスにまで持っていける。

それだけのパワーが必要な仕事を、1日に10件、20件と回るんです。新規を入れたらもっとかな。追いかけていくだけでへとへとです。

――「医療とは往診である」ってすごくいい言葉ですよね。これは長尾先生の言葉ですよね。

はい、往診に向かう途中の車の中で、長尾先生が僕に教えてくれたことです。「本来医者は、患者に来てもらうのではなく、患者のもとに行くのが正しいんや」って。それを本当に実践されているし、その画もたくさん撮れました。その一つひとつが構成要素になって、このドキュメンタリーができ上がっています。

――毛利さんご自身も、長尾先生と一緒にたくさんの死を目撃されましたね。

人の死はフィクションではいくらでも扱えたのですが、本物の死は、やはりショッキングです。ひと様の家の、実際の死を目撃するというのは、本当に重いことです。このドキュメンタリー作品の中にその方々の死を入れ込むことが、山場になったり、オチになったり、果てはウリになったりするのは断じて違うと思っています。

同時に、人の死というものは、長尾先生のドキュメンタリーのテーマとして切り外せないものでもあるとも思いました。長尾先生は、まずこの企画を立てた時から、「医者が患者のプライベートを映す」ということに対して、十字架を背負っているんです。各所から批判が起きるかもしれない。それでも、誰しもがいつか必ず経験する死というものに関して、きっちりと向き合うためのひとつの方策として、「俺を撮れ」と言ったのではないかと思っています。長尾先生を撮るということは、先生が見つめる死をも赤裸々に撮るということ。死をそのまま映すということが、この作品にとって是か否かはまだわかりませんが、こうした悩みにぶち当たるのは、作り手の宿命ですから。いいか、悪いか、それは観る方々に委ねるしかないのです。

――看取りに「慣れる」ことはなかった？

それはありませんね。同じ場所、同じ人ならまだしも、すべて違う状況ですから。長尾先生のあとを追うだけで必死で、結末の想像がつきません。滞在時間も読めません。圧倒的に情報がない中で、慣れることはできませんでした。きっとこうなるだろうなという予測がつかないぶん、気を抜くことができません。消耗しましたが、目の前で起きている死に対して、気を抜くなんて失礼ですしね。

長尾先生は、最前線で戦っている戦士のようなものです。それを記録に残している僕も、最前線を体感させてもらいました。撮影を終えて休んでいても、先生から「緊急往診が入ったぞ」と電話が来れば駆けつけました。先生の戦争は終わることがないんですね。先生、いつ寝てるんやろ……。

――在宅医療とは、グリーフケアもセットだともおっしゃっています。

それが町医者、ということではないのでしょうか。家族ぐるみで診る、ということかと。病が完治した、家族が亡くなった、そこで終わることではないのでしょう。

基本、長尾先生は、医療のことも知っている世話好きな尼崎のおっちゃん、ですよね（笑）。世話好きで、患者さんやご家族に声をかけ続ける、そのパワーが先生の魅力です。先生と対話することで、それぞれの問題が溶けていくのではないでしょうか。

――観客の皆さんへのメッセージをお願いします。

このドキュメンタリーは、すごい熱量を持ったひとりの人間と、その人が生きる町を切り取ったものです。仕掛けたり、押しつけたりできるものではありませんが、死について、医療について、何かを感じ取ってもらえたらうれしいです。長尾先生は今日、今この時も誰かのために動いています。その姿を見て、何かを、感じ取っていただければ幸いです。

――最後に、毛利監督は、どんな死に方をしたいですか？

できることなら死にたくないので、今は考えないことにしています（笑）。それにまだまだ生きることに精いっぱいで模索中です。この場合、死ぬその瞬間まで生き方を探し続け、死んでいくというのが答えなのでしょうか？　けったいな考えかもしれませんが（笑）

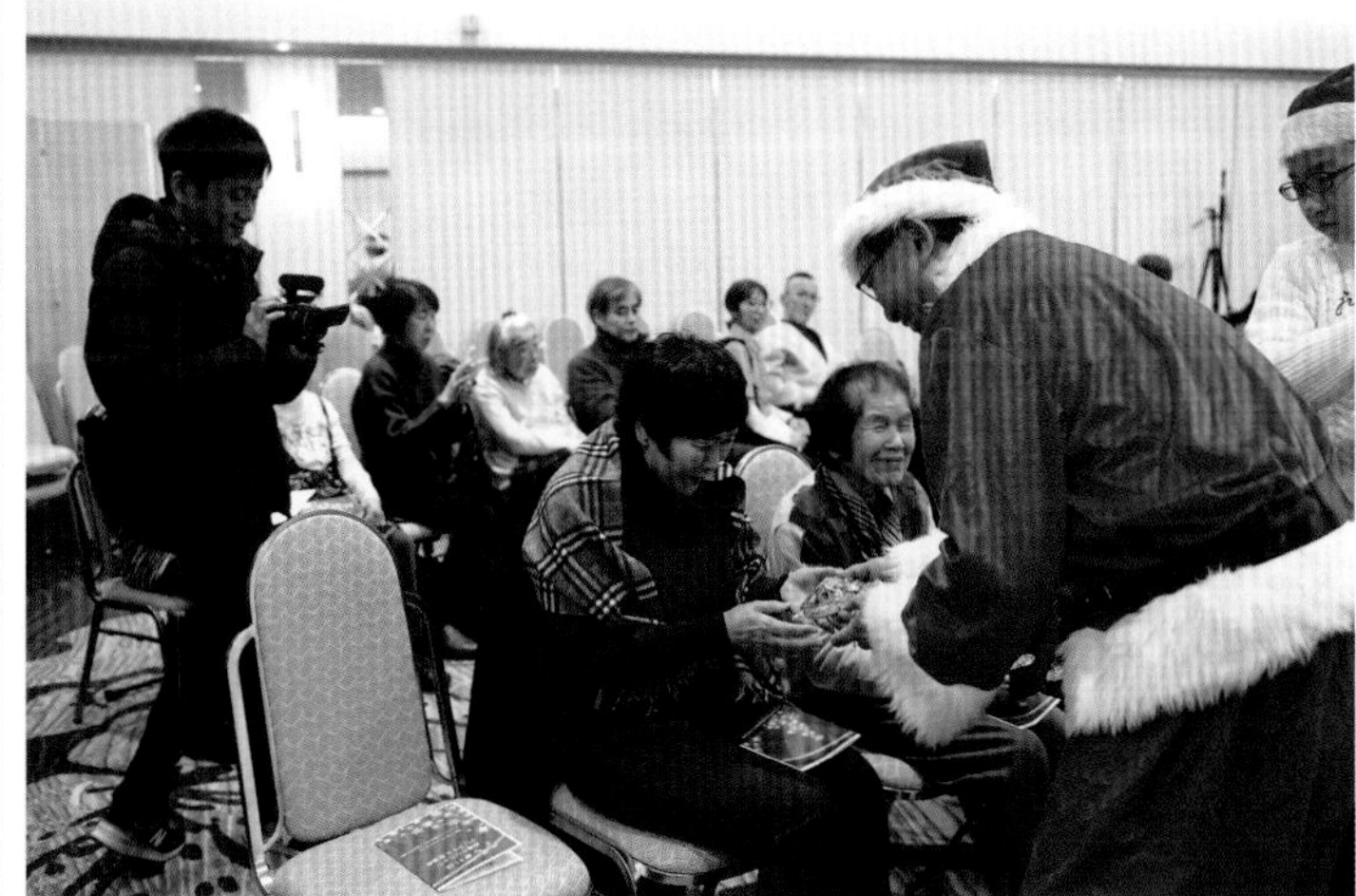

医療者にとって病院はホームでも、患者さんにとってはアウェイです。

医師 長尾和宏

Interview

――『痛くない死に方』の原作者でもあり、映画の医療監修も努められました。そして、『けったいな町医者』では、実際の日常をそのまま切り取るドキュメンタリーの形で、在宅医療の真の姿を表現されました。2本の映画の中で、長尾先生がこだわってらしたのが「往診」だと思います。なぜ往診にそこまでこだわるのでしょうか？

僕は貧乏な家庭に生まれたので、中学生時代から新聞配達、その集金や郵便配達など、人の家に行くのが日常でした。密かに好意を寄せていた女の子の家にも集金に行きました。医学部に入学してからは、無医地区研究会に入り、長野県下伊那郡浪合村（現在は阿智村）という人口800人の無医村、いわゆる限界集落で家庭訪問を年に3回していました。まだ医学生なのでゆっくり話を聞いて血圧を測らせていただく程度ですが、おひとり様の生活の様子を観察していました。思い返すと50年間、「人の家に行く」ということをやっています。今もです。

だから、医療の基本は「困っている人のところに行く」だと、中学生くらいからなんとなく思っていました。現代医療は「病院に来い」が当たり前です。医療者にとって病院は「ホーム」でも、患者さんにとっては「アウェイ」です。しかし通院できない人には「アウェイ」に医療者が来てくれることは当たり前の行為なのです。「在宅医療」なんて、最近使われ始めた後づけの言葉にすぎません。

病院の回診に相当する訪問診療のことを在宅医療だと思っている医師がいますが、間違いです。患者さんが「苦しい、先生来て！」と訴えた時に駆けつける「往診」こそが医療の本質なのです。

――長尾先生は、医師になってすぐに在宅医になられたのですか？　現在のような仕事をされるまでの経緯を教えてください。

東京医科大学を卒業してからは、母の住む関西に戻り、大学病院に入りました。消化器内科に配属され、大学病院以外の関連病院でも働きました。毎日救急車で終末期の患者が運ばれてくる救急病院では、医師が少ない上に若い医師は僕ひとりでした。外来や入院や当直はもちろん、ほぼすべての外科手術や麻酔にも立ち会い、病院外に寝泊まりできたのは年間数日。そこで勤めた2年間で、普通の医者なら20年かかる経験を一気にしました。大学病院に戻ってからも、当直のアルバイトなどで5年間、終末期医療を見つめました。

医師になって11年目の頃、ある事件が起きました。末期がんの患者さんから、家に帰りたい、そして抗がん剤を止めたいという2つのお願いをされました。当時は病院からの往診はできず、患者さんの希望を叶えることができなかったのです。そうしたら、その患者さんは病院の屋上から身を投げて、亡くなってしまったのです。自分は何をしているんだろうと思いました。医療って何なんだって。

さらにその翌年に阪神・淡路大震災（1995年）が起きました。街も、勤めていた芦屋の病院も地獄絵図のような有様でした。あれだけたくさんの死を目撃すると、人生観が変わります。震災の混乱が少し落ち着いてきた頃に辞職し、小さい頃に住んでいた尼崎で小さなクリニックを開業したのです。

そこでは在宅医療に力を入れました。死を目前にしても大量の点滴をされ、もがき苦しみながら亡くなっていく、または深い鎮静をかけられ、意識不明のまま亡くなっていく病院の治療と違い、枯れるように、自然と亡くなっていく死に方があるのだと気づきました。

はじめのうちは患者さんは多くはありませんでしたが、次第に町医者として、在宅医として町に受け入れられ、今では常勤医・非常勤医含めて20名、看護師25名、職員100名、年中無休体制で外来と在宅医療を担っています。

——病院での終末期医療と違い、終末期の往診にはメリットが多いのですか。

普段は元気な外来患者さんが、急に具合が悪くなり往診を依頼されることが多くあります。もちろん、在宅医療の契約をした患者さんからも毎日のように往診依頼があります。辛い時に医者が来てくれるのですから、患者さんは喜んでくれます。それが第一のメリットですね。

なのに、在宅患者さんからのSOSを受けても「それなら119番して救急車を呼んで！」で済ます在宅医がいるそうです。そもそも在宅医療を請け負うということは、24時間対応をするという約束のもとで成り立っているのに、その契約から逸脱しています。救急搬送されたら、当然のように延命処置を受けることになり、管だらけにされるなどの希望しない最期を迎えてしまうかもしれないのですよ。

また、往診すればその人と病気が一発でわかるというメリットもあります。「この場所にこの病気あり」というふうに、生活の様子を見れば、どんな病気になりやすいか大体わかります。それを診ることができる立場が町医者ですが、その人の生活状況に興味のない医師が多すぎるように感じます。検査データだけを見て大量の薬ばかり出す行為は医療とは呼べません。医療とは、生活や人間を見たうえで病気の本質を見抜き、解決策を提案するプロセス、長い関係性のことを言うのです。

——『痛くない死に方』の中でも、長尾先生をモデルにした長野医師が、「病気ではなく、人を診る医者になれ」と言っています。こう思うようになったのはいつ頃からですか？

そう思うようになったきっかけは、高校生の時の父の自死でした。僕が中学生の頃から父はうつ病を患い、入退院を繰り返していたのですが、ちっとも良くならず何度も入院させてたくさんの薬で治そうとする医療に、子どもながらに疑問を持っていました。そしてその結果が、「自死」だったわけです。人生で初めて経験した死が父の自死だったわけですから、僕はショックを受け、学校に行けなくなりました。当然ながら受験に失敗し、高校を卒業してすぐに自動車工場で夜勤工として働くことになりました。しかしわずか3ヵ月で、腰痛が原因で辞めてしまいました。

その後、フリーターとしてさまざまな仕事につき、フラフラしていました。しかし次第に、親父が受けた医療にリベンジしたい気持ちが沸き上がってきました。病気しか見ていない医者がいるから被害者がいる。病気だけでなく人を診る医者になりたい、と。思ったのです。

その後、医学部に入りましたが、母子家庭だし、母親は競馬場や競艇場の券売り場での日雇い労働者でした。だから6年間、学校にはほとんど行かず（行けず）、たくさんのバイトを掛け持ちして学費を稼ぎつつ、なんとか医者になりました。そんな生活でしたが、無医地区活動だけは真面目に続けました。

——在宅医の在り方が変容していく今、在宅医の先駆者として、「やりきった」と思えることはありますか？ 逆に、「やり残した」と思うのはどんなときでしょうか？

やりきったことは何ひとつ思い浮かびません。唯一自慢したいのは、３６５日24時間、1日も休まずに還暦を迎えたことでしょうか。僕は子どもの頃から大きな病気もせず、入院したこともなく、体が丈夫なことだけが取り柄です。「病気をしない、休まない」で、町医者になって25年以上、ずっと働き続ける体力と精神力を授けてくれたことは、亡き両親に感謝しかありません。

やり残したことはたくさんありますが、特にそう思うのは、自分の経験を後進にほとんど伝えられていないことです。50歳頃から書籍やメディアで発信し始め、医学部でも講義をしてきました。しかし所詮、町医者の戯言など白い巨塔にはまったく伝わりません。

今回、幸運にも映画「痛くない死に方」の副産物としてドキュメンタリー映画『けったいな町医者』を撮っていただきました。僕の、カッコ悪くてけったいな町医者の日常そのものです。かつ過激な内容なので多くの矢が飛んでくるでしょう。しかし映画公開に承諾いただいた患者さんとご家族のご厚意に報いるためにも、僕自身も覚悟を決めました。多くの方々に観てもらい、評価をいただけたら幸いです。特に、「ぜひ医学生に観てほしい」という声が上がれば本望です。

——これからの医療に期待することは？

医療の原点に回帰することです。iPS細胞、AI医療、ロボット手術、オンライン診療、革新的な薬剤の開発など、科学技術の進歩には目まぐるしいものがあります。しかしその中で、医療の本質がどんどん見失われているような気がしてなりません。その結果、極端な医療否定に走る人もいますが、悲しいことです。上手に現代医療の恩恵を受けるためには、ウマがあう「かかりつけ医」を持つことが基本です。皆さんそれぞれにとっての「けったいな町医者」を見つけることは、実は、あなた自身の仕事なのです。

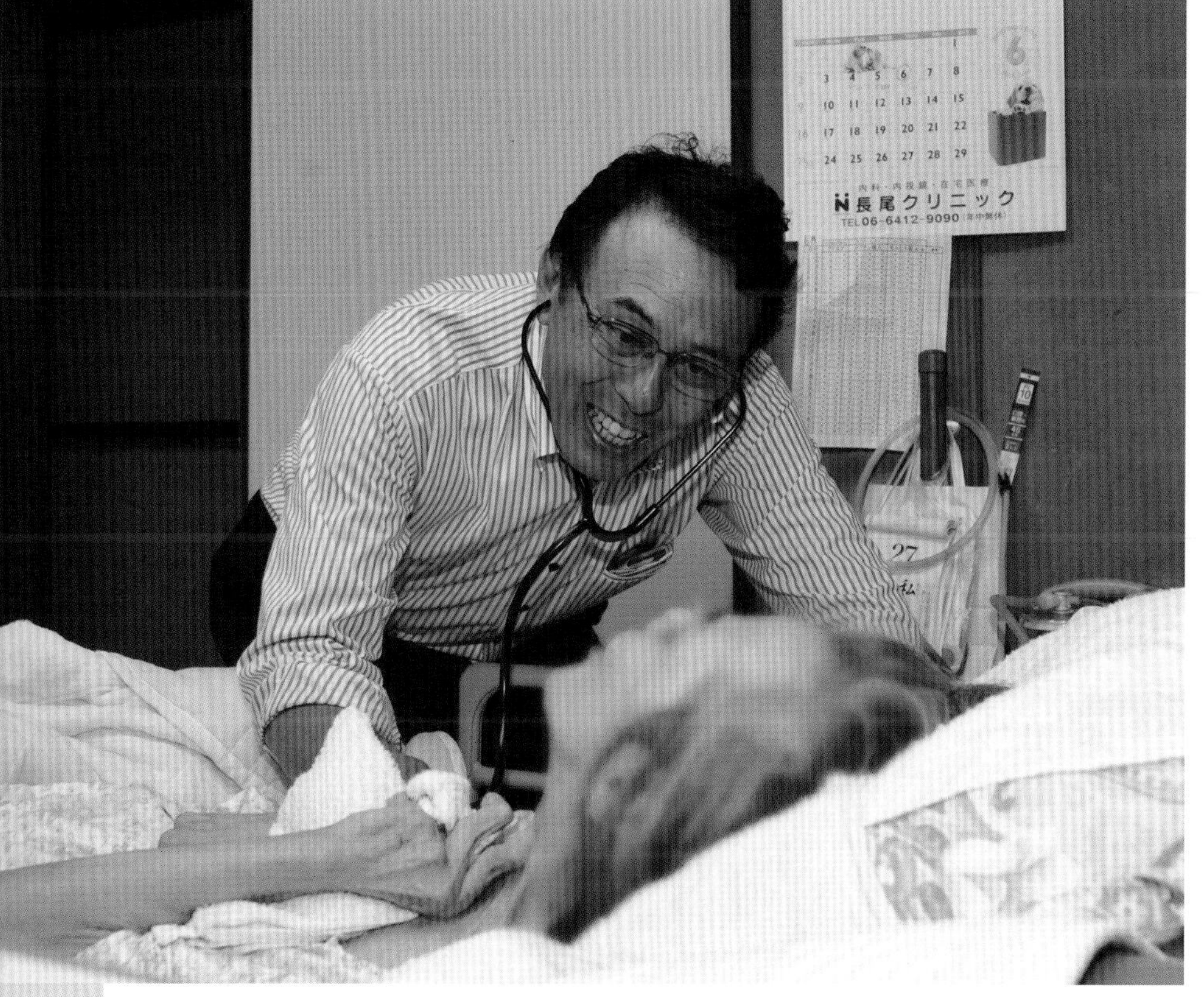

「医学部教授は
薬屋の手先だよ。
ただの広告塔。
魂を売っていることに
気づいてもいない」

「いま、医療イコール
お薬になっていると
感じませんか?」

「診断は不眠症。
うつでもええで。
なんでもない。
大好きな旦那が
死んだらそうなるわ」

尊厳死の宣言書
私は 私の傷病が不治であり、且つ死が近
ている場合に備えて、私の家族、縁者ならびに
の医療に携わっている方々に 次の要望を宣言い
します。
この宣言書は、私の精神が健全な状態
る時に書いたものであります。
従って私の精神が健全な状態にある時
身が破棄するか、又は撤回する旨の文書
成しない限り有効であります。
① 私の傷病が、現在の医学では不治の
り、既に死期が迫っていると診断され
は徒に死期を引き延すための延命措
おことわりいたします。
② 但しこの場合、私の苦痛を和らげ
最大限に実施して下さい。そのため、
薬などの副作用で死ぬ時期が早
、一向にかまいません。
私が数ヶ月以上に渉って、いわゆ
陥った時は、一切の生命維持
下さい。

「今までどれだけ
間違ってきたか。
本を書くのは
全部懺悔なんですよ」

「尊厳死の宣言書か、
すごいね!
これだけ
終活している人は
少ないよ」

「息をしていない？
すぐ行く」

「白衣はね、
着ないよ」

「薬以外で
患者に
寄り添えないのかと
問いたい」

「おばあちゃんの
添い寝して
くれてたんか」

「死の壁」……。死ぬ時、人はどうなるのか？

傾眠・せん妄→意識レベル低下→下顎呼吸から呼吸停止へ

「看取りは初めてです」と仰るご家族。確かに8割の人が病院で亡くなる時代ですから、人が亡くなる様子を見たことがない人が大半です。テレビや映画でよくある「これまでありがとう、ガクッ（と息が絶える）」という死に方は、私は見たことがありません。

残された時間が週単位から日数単位になった時、人はウトウト寝ている時間が長くなります。呼びかけると目を開けるので、傾眠（けいみん）状態と言います。終末期には理想的です。食事や水分が飲み込みにくくなり、むせやすくなります。便や尿を失敗することもあります。さらに、つじつまが合わないことを言ったり、興奮して手足を動かしたりする場合もあります。

亡くなる1日前から半日前になると、多くの患者さんは、衣服をはだけて「暑い、暑い」と言い出します。

衰弱していく身体のなかで、最後の生命力と、あの世へ向かうエネルギーが、押したり引いたりと、大坂冬の陣のごとくせめぎ合いをしているかのようです。死のうとする身体と、生きようとする脳の摩擦が熱を生み、暑がるのかもしれません。

そして、決着がついた時……生の世界から死の世界へと踏み出す時には、もともとおとなしい人であっても、喚（わめ）いたり、不穏な状態

になったり、あるいはさらに身体が熱を帯びて裸になったりします。

交感神経が働いて心拍数が上がり、暑くなっているのでしょう。

死の直前のこの様子は、それまで高い次元で維持されていたさまざまな身体の機能が停止しそうになるのを、一生懸命エンジンの回転数を上げて生きようとしている姿にも見えます。

死の壁

これを私は「死の壁」と呼んでいます。

家で看取ろうと思っても、この「死の壁」を想定しておかないと、急に怖気づいてしまい、救急車を呼んでしまう人もいます。ですから私は、あらかじめ、理解してくださりそうなご家族には「そろそろ死の壁がやってくるでしょう」というお話をします。

「しかし慌てて救急車を呼ばないように。周りが思うほど、ご本人は痛くも苦しくもありません。聴覚は最期までしっかりしていることが多いので、あまり刺激をするような内容ではなく、優しい言葉で話しかけてあげてください」と説明します。

医学的には「せん妄」という状態なのですが、「死の壁」と呼んだほうが、ご家族も納得しやすいのです。この映画では「台風上陸」と言っていました。

いよいよ臨終の時が近づくと、呼びかけへの反応が鈍くなります。意識レベルの低下と言います。大きく息をしたあと、10～15秒ほど息が止まり、また息をすることもあります。そして次第に、顎を上下させる呼吸に変化します。

これを「下顎(かがく)呼吸」と言い、最後の呼吸です。この時には白目を

むいて、もう意識はありません。やがて呼吸が止まり、脈が触れなくなります。

亡くなったあとは、一呼吸おいてから、看護師が身体をきれいに拭き、着替えをし、髭を剃ったり薄化粧をしたりします。

大きな病院なら、病理解剖の希望を訊かれたり、霊安室に安置されたりすることもあります。退院の手続きをして、寝台車に乗せられ自宅や葬儀場に運ばれます。

一方、自宅で亡くなった場合は、いたってシンプルです。

呼吸停止の連絡を受けて駆けつけた医者は、死亡診断書を発行するだけです。在宅看取りと言っても、正確には看取るのはご家族です。医者はそこにいるか、いない場合は少しあとから行って、ご家族とお話をします。訪問看護師さんと一緒に死後の処置をする医師もいます。

私の鞄には、いつも白紙の死亡診断書が何通か入っています。

ご臨終を告げようとすると、ご家族の中にはこう言う人もいます。

「まだ身体があたたかいから、死んでいないよ。先生、冷たくなるまで、ちょっとの間、死亡宣告は待っていてもらえますか」

「わかりました。少し時間をおいてまた来ましょう」

私は静かに頷いて、一旦部屋を出るのです。

（映画原作本『痛くない死に方』より）

これだけは知っておきたい！

看取る家族のための医療用語

安楽死

病気にかかり、治る見込みがなく終末期に入ったときに、患者の意思のもとに延命治療を行わず自然な死を迎えるのが尊厳死、平穏死、自然死。それに対し、まだ相当な余命があるにもかかわらず、医師が薬物などを使って患者の死を積極的に早める行為が安楽死。欧米のいくつかの国と地域では合法だが、日本では殺人罪に当たる。

医療用麻薬

現在の日本では、WHOの方式に基づいて、主にがん患者さんの中等度から高度の痛みに対し、モルヒネ、フェンタニル、オキシドコン、タペンタドールなどのオピオイド鎮痛剤（医療用麻薬）が使われている。日本人は麻薬中毒を懸念する傾向があり、医療用麻薬の消費量は欧米各国に比べて圧倒的に少ないが、実際には依存性はない。

胃ろう（PEG）

口から食べられなくなった人に対する栄養補給方法として、経鼻胃管栄養、経静脈栄養、胃ろうの3つがある。胃ろうは内視鏡を使って腹部に穴をあけ、胃に管を通して水分や栄養分を注入する装置のこと。口腔ケアや嚥下訓練の実施など、管理次第では再び口から食べることができるようになる。一方、日本老年医学会は、高齢者における終末期の胃ろうについては、「本人の尊厳を損なう恐れがある」として、慎重に判断していくべきとの立場を表明している。

延命措置

回復の見込みのない終末期の患者に対し、生命維持装置を使用した「死の時期を延ばすためだけの医療措置」のことをいう。三大延命措置として①人工呼吸、②人工栄養・水分補給（経鼻チューブ、胃ろう、中心静脈栄養など）、③人工透析がある。他に、血液循環維持や薬剤投与なども状況によってはそのひとつとなり得る。家族だけの判断でやめることはできない。

下顎（かがく）呼吸

死の直前に必ず現れる呼吸状態のひとつ。酸素の取り込みが少なくなることで、顎と喉の筋肉を大きく動かして、なんとか酸素を取り込もうとする呼吸で、あえぐような状況になる。

緩和ケアとホスピス

ホスピスは、主にがんの終末期の人をケアする施設のことを指す。緩和ケアはもっと広い概念で、「治癒が難しい進行性の疾患で、病期によらず苦痛の緩和を目指す医療やケア」のこと。昨今は「早期からの緩和ケア」の重要性が強調され、がんと診断された時から同時並行で始めることが当たり前になってきた。がんの患者以外にも、慢性疾患や臓器不全などの患者にも適用される。

がん難民

がんの治療には標準治療と呼ばれる基準があり、エビデンス（科学的根拠）に基づいた現時点での最良の方法であるとされているが、すべての患者が治るわけではない。この標準治療で効果がなかった場合や標準治療を拒否した場合、特に大病院ではそれ以降の治療をしてもらえないことがある。こうして主治医を失い、どこにも診てもらえない人のことを、いつからかこう呼ぶようになった。

気管切開術

自力で痰を出せなかったり、呼吸状態が悪い人に対し、気管軟骨を小切開して管を入れて呼吸ができるようにしたり、痰や口腔内管理を行いやすくするための処置。そこに人工呼吸器を繋ぐ場合もある。

急性期病院

急性期とは、症状が急に現れる時期、病気になり始めの時期のこと。発症後14日間以内が急性期の目安とされており、この時期に必要な高度で専門的な治療を24時間体制で行う病院を急性期病院と呼ぶ。一方、急性期は脱して全身状態は安定しているものの、継続的な治療が必要となった人が長期入院をするための病院を慢性期病院と呼ぶ。

グリーフケア

グリーフ（grief）は、「死別などによる深い悲しみ」「悲痛」「嘆き」という意味。大切な人を亡くした後の人の心をサポートし、喪失感、悲しみを乗り越えるための手助けをするのがグリーフケア。

ケアマネジャー

介護支援専門員のこと。２０００年の介護保険法とともに誕生した資格で、「要介護者や要支援者の人の相談や心身の状況に応じ、介護サービスを受けられるように介護サービス等の提供についての計画（ケアプラン）の作成や、市町村・サービス事業・施設、家族などとの連絡調整を行う者」を指す。プランの作成だけでなく、きちんとケアプランが行われているかのチェックや、変更の必要があった時の調整なども行う。介護施設で働く「施設ケアマネ」と、居宅介護支援事業所に所属し、自宅療養をしている人を支える「居宅ケアマネ」の二通りの働き方がある。

誤嚥性肺炎（ごえんせい）

唾液を飲み込む時や食べ物を飲み込む時に、間違って気管に入ってしまうことを誤嚥という。通常ならむせるという反射機能が働いて、咳とともに異物を吐き出すが、この機能が低下することで排出できなかった異物が肺に入ってしまい、炎症を起こすことで誤嚥性肺炎に至る。嚥下機能の低下した高齢者に頻発する。寝ている間に唾液が肺に入り込むことでも起きる。

酸素吸入

肺疾患などの原因で低酸素状態に陥っている患者に対して、鼻につけるカニューレや口を覆うマスクを使い、空気よりも高濃度の酸素を取り込ませる方法。

COPD（シーオーピーディー）

慢性閉塞性肺疾患（COPD：chronic obstructive pulmonary disease）のこと。もともと慢性気管支炎や肺気腫と呼ばれてきた病気の総称。タバコを原因とする肺の炎症性疾患で、喫煙習慣を背景に中高年に発症する生活習慣病と言える。

心肺蘇生

突然に心肺停止状態になったときに行うもの。いわゆる心臓マッサージと言われる肋骨圧迫や、人工呼吸、ＡＥＤ（自動体外式除細動器＝電気ショック）を利用する。心肺停止からすぐに行い、救急車が到着するまで続ける。

自己決定権

病気が進んでもう回復の見込みがないとなった時に、「自分の死をどのように迎えたいのか」を自ら選ぶ権利のこと。生きる上での「自己決定権」というのは個人の基本的人権として憲法第13条で認められているが、死に関してその自己決定権はどこまで認められるかは、たびたび議論となっている。

人工透析

加齢や病気が原因で腎機能が低下した場合に、血液透析器を使って行うもの。人工呼吸、人工栄養に並ぶ三大延命措置のひとつ。症状にもよるが、1回の透析時間は4～5時間で、週に3回程度行う。

人生会議

元気なうちから、もしくは意思決定能力が低下する前から、本人の希望を尊重して、家族や医療介護者が一緒になり、ケアの目標や具体的な治療・診療方針について、本人を中心にして話し合う過程のこと。ＡＣＰ（アドバンス・ケア・プランニング）の名称で呼ばれていたが、２０１８年に「人生会議」という愛称が決まった。一度きりのものではなく、また結論を出すものでもなく、「対話」を繰り返すことをいう。

成年後見制度

認知症や知的障害、精神障害などの理

由で判断能力が不十分で、不動産や預貯金の管理、介護などのサービスや施設への入所の契約などができない場合、またできたとしても不利益な契約を結んでしまい悪徳商法の被害にあう可能性が高い場合、これらの人々を保護し、支援する制度。この制度を利用するに当たっては、家庭裁判所へ申し立てをする必要がある。

セデーション／ディープ・セデーション

セデーション（sedation）は、鎮静剤を用いて意識レベルを下げることで苦痛を軽減させる処置のこと。鎮静とも言う。浅い鎮静の場合、ウトウトとしていても呼びかけには応えられるレベルで、深い鎮静（ディープ・セデーション）は完全に意識のない状態。終末期にディープ・セデーションを行うことが、間接的な安楽死に当たるかどうかの倫理的議論がある。

せん妄

病気や環境の変化に伴い、意識レベルが低下したために起こる精神症状のこと。幻覚、錯覚、興奮、見当識を失うなどの症状が出る。治療、薬物などによっても起こるが、特にがんの終末期では多くの人がせん妄状態になることがわかっており、セデーションが検討される。

尊厳死

自らの意思（リビング・ウイル）で延命措置を断り、自然の経過のまま受け入れた死のこと。穏やかな最期という意味で使われる「平穏死」や、自然の経過のまま迎える「自然死」と同義。

多死社会

多死社会とは、超高齢社会の次に訪れる社会だと言われる。超高齢社会の日本では、現在、年間約１３７万人が死亡しているが、団塊世代が後期高齢者になる２０２５年には１６０万人が、２０４０年を前に１７０万人が死亡する多死社会に突入する。厚生労働省はこのデータをもとに、在宅医療の充実、後期高齢者向けの医療設備の充実などを図ろうとしている。

退院前カンファレンス

患者が病院を出て自宅療養に移行する際に、医師、看護師、ソーシャルワーカー、理学療法士など院内のスタッフと、かかりつけ医（在宅医）、訪問看護師、ケアマネジャー、サービス提供事業所、保健師など地域の関係機関のスタッフが参加し、医療内容や退院後のサービス内容について情報共有する場のこと。

地域包括ケア

医療や介護が必要な状態になっても、可能な限り住み慣れた地域で、それぞれの能力に応じた自立した生活を最期まで続けることができるよう地域内の多職種が支えるシステムのこと。地域包括支援センターや地域のケアマネジャーが中心となって、介護保険制度と医療保険制度の両分野から、他職種を連携させていこうとするもので、介護サービスの主体を国から自治体へ移行させていく国の施策のひとつ。

中心静脈栄養

胃ろうや経鼻チューブ栄養ができない場合や、動くことができない時に、心臓からもっとも近く血管が太い中心静脈にカテーテルを挿入し、濃度の高い高カロリー輸液を投与する方法のこと。直接血液に栄養を入れるため消化器官への負担は少ないが、針を静脈に留置するため感染症を起こしやすい、管に繋がれているために行動が制限される、抜けやすいなどのデメリットもある。

訪問診療と往診

本来病院で受けられる医療サービスを在宅で受けられるのが「在宅医療」で、在宅医療は「訪問診療」と「往診」に分けられる。訪問診療は、月に○回、○曜日の何時、というふうに計画的に医師が訪問するもの。往診は、患者からの要請で、医師がその都度訪問して診療するもの。

リビング・ウイル（living will）

人生の最終段階（終末期）を迎えたときの医療の選択について事前に意思表示しておく文書のこと。この趣旨を理解し、作成者の力になりたいと表明しているリビング・ウイル受容協力医師には、公益財団法人日本尊厳死協会から認定証が送られている。

居酒屋で高橋監督は「俺が書く」と即答し、一週間で脚本を仕上げた

プロデューサー　小林良二（渋谷プロダクション代表）

本書『痛くない死に方 読本』の制作に差し当たり、今日に至るまでの紆余曲折を記しておきたいと思います。こういうことでもないと過去の手帳を見返したりすることもないので、引っ張り出してぺらぺらとページをめくってみると、劇場公開に至るまで2年6ヵ月かかっていました。

２０１８年8月、映画『痛くない死に方』の話は、原作の出版元であるブックマン社の小宮亜里さんから「『痛い在宅医』（長尾和宏著）を映画化できないか」との相談を持ちかけられたことに端を発します。小宮さんとは以前、『私は絶対許さない』（和田秀樹監督）でご一緒しており、ある程度、阿吽の呼吸だったこともあり、一度考えてみるということで預かりました。

『痛い在宅医』は実際にあった在宅医療の失敗例をもとに、落とし穴を問うた問題作ではあるけれど、小説とも違う、実用書であるこの本をどのように脚本化していくかが大きなテーマでした。たしか渋谷のワインバーだったと思うのですが、私と小宮さんで映画化に向けて酒を呑みながらの雑談会をしました。私は映画の企画開発段階において、酒を呑みながらの関係者との雑談をもっとも重要視しています。冗談めいたことや、馬鹿話から生まれたことが、よい映画作りに繋がることを知っているから行うわけなのですが、こうした酒の力を借りながらの馬鹿話や夢を語らう荒唐無稽な時間は、最近の映画界では必要経費と認めてくれません。昔は映画の企画費の中に旅館代（脚本家が旅館に籠って脚本を書く）というものがあったと聞きますが、最近はそんな話もまったく聞かなくなりました。

話を戻しますが、その日、まずは監督を誰にやってもらうかという話になりました。高橋伴明さんに頼んでみましょうか。私がそんな話をしたら、「そんなことが成立するのですか」と、小宮さんは大喜びしてくれました。決して酒の勢いからの思いつきで言ったわけではなく、この企画の映画化を進めるにあたって、話を聞いた時すぐに頭を過っていました。高橋監督とは、『赤い玉、』でご一緒しており、〝老い〟と〝性〟がテーマの作品だったのですが、現場で発揮されていた抜群の存在感、応用力、作家性がこの映画に必要なのではないかと思い、すぐに高橋監督に連絡を取りました。

２０１８年9月、高橋監督と小宮さんの顔合わせの会を九段下の居酒屋でセッティング。監督には事前に原作本と長尾和宏さんの著作物を数冊読んでもらっていました。高橋監督に連絡をした時に、ご自身も意識していたテーマだということで、話が大いに盛り上がったのを覚えています。

脚本は誰に書いてもらいましょうか。高橋監督に訊ねると、「俺が書く」と即答。高橋監督の頭の中では、すでにシナリオが固まっていたようです。すぐにプロット（ストーリーライン）を書いてくださいと頼むと、「俺、プロット書かないから」とのことで、わずか一週間で第一稿が上がってきました。速っ！

高橋監督は撮影も速いですが脚本の執筆も速い。しかも〝死〟を扱う映画というのはどうしても湿っぽくなってしまうものですが、エンターテインメント性があり、さらに脚本としての完成度も高い。これで行きましょう！　そんな流れでした。

脚本ができたら次は資金集めです。当初目標にしていた製作費がどうしても集まらず、半年ほどの時間が過ぎていきました。映画の製作費というのは、観客の目に届くまでに必要な資金なのですが、最近

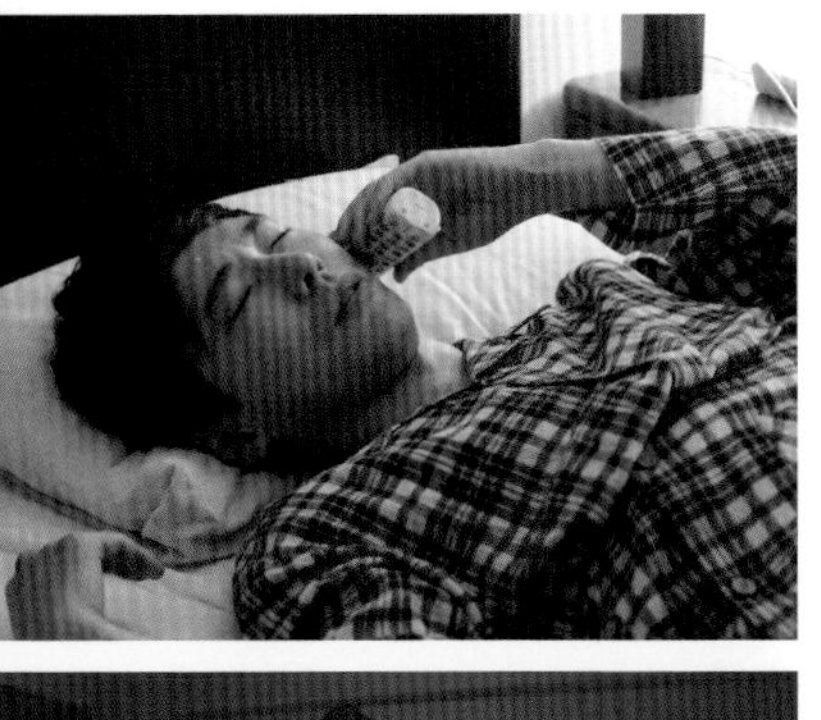
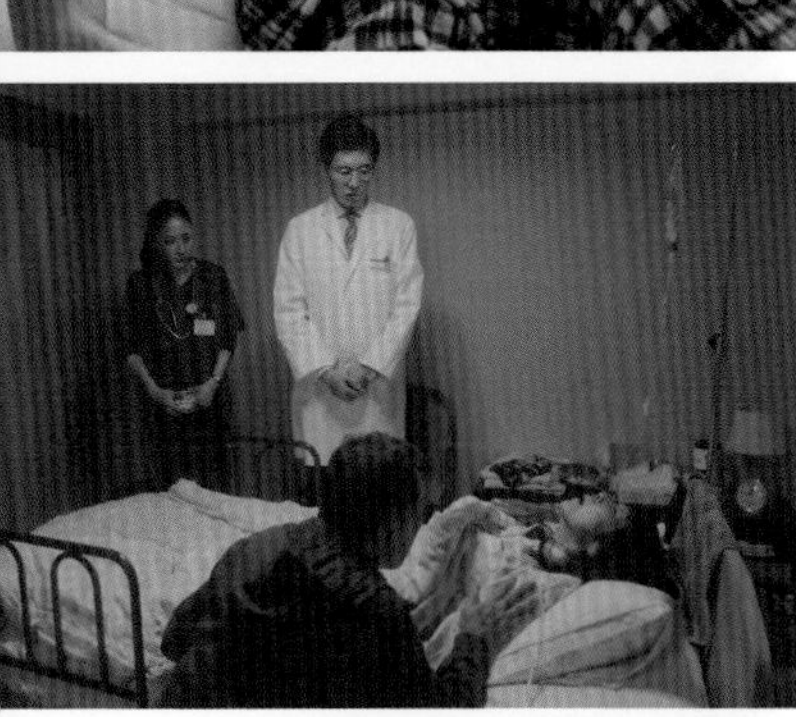
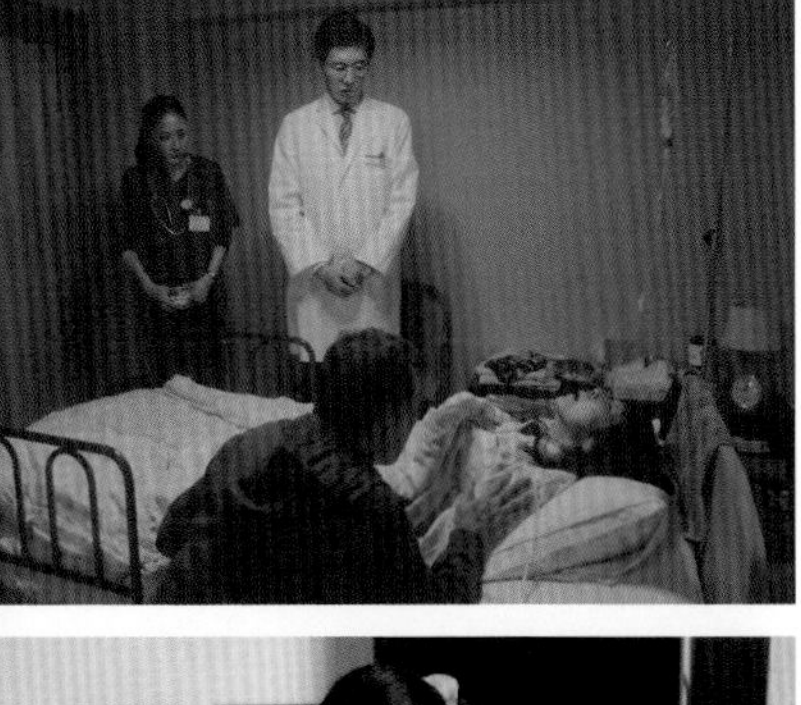

はなかなか1社だけでの単独出資作品は難しくなっています。複数の会社に窓口権を譲渡しながらの、お金を出し合う製作委員会という方式が主流になっています。当然のことながらお金を出すということは口も出すということであり、いろいろな会社相手に手を変え、品を変え、プレゼンテーションを行っていきました。

大きく企画が進みだしたのは、柄本佑さんが主演の河田役を引き受けてくれるという展開になってからです。制作プロダクションとして出資してくださいましたG・カンパニーは『愛の新世界』『獅子王たちの夏』など高橋監督とも縁が深く、同じく出資いただきましたライツキューブは『BOX』『光の雨』など高橋監督の作品のセールスを担当されていました。さらに、協賛金を出していただける方を広く募集しましょうということになり、多くの個人・団体の方にもご賛同いただきました。最後には原作の出版元であるブックマン社と、著者である長尾和宏さんにもご協力をいただき、いよいよ船出の準備ができました。最高のメンバーによる製作委員会の発足です。

作品タイトルは当初『痛い在宅医』としていましたが、映画のタイトルとして各社何やら腑に落ちない雰囲気でした。高橋監督を交えての打合せの場で、長尾さんの別の本のタイトル『痛くない死に方』から映画のタイトルが決定しました。

痛くない死に方か……。いいね。

高橋監督は、以前に渡していた本『痛くない死に方』からのエッセンスも脚本化する上で使っていたようでした。こうして二つの原作をベースにした映画『痛くない死に方』は遂に船出し、あとは雪崩を打ったように高橋監督のネームバリューにあやかって、強力なスタッフとキャストが集結。２０１９年8月、撮影をスタートしました。現場は高橋監督の采配の下、大きな問題もなくスムーズに撮影が進み、同年12月には完成しました。

一方で、撮影が始まる前くらいに製作委員会（出資会社の打ち合わせ）が行われた際、原作者である長尾和宏医師のドキュメンタリー映画を作ろうという話になりました。監督は『痛くない死に方』の助監督である毛利安孝さん。これが『けったいな町医者』です。

２０２０年2月、『痛くない死に方』が8月にシネスイッチ銀座で上映されることが決定し、いよいよ宣伝活動を始めようと思った矢先、映画界だけでなく日本全体を奈落の底に沈めた新型コロナウイルス。そして緊急事態宣言――。上映延期の決断をすることになりました。

どうすることもできない無常観に苛まれていましたが、当初の予定から半年遅れて、２０２１年2月にシネスイッチ銀座での上映が決まり、今は万感の思いであります。

一人でも多くの人にこの映画を観ていただけるよう切に願っています。

触れるということ――あとがきに代えて

長尾和宏

『痛くない死に方』『けったいな町医者』を観てくださった方、もしくはこれから観ようかと考えているすべての人に、まずは御礼を申し上げたい。ここまで読んでくれた人はすでにご存じのように、僕はけったいな町医者なので、50歳と60歳の時に生前葬を2回も挙げた。ふざけているのか、とよく言われるが、やっている本人は大真面目である。実の親父が自死したのが40代で、僕がまだ高校生だったこともあり、若い頃の自分には親父の年齢を超えて生きることなんてできないだろうという漠然とした呪縛があって、刹那的に町医者をやってきた。

そんな自分が書いたものが、尊敬する高橋伴明監督のもと、憧れの俳優さんたちによって映画になり、さらには自分が俎板(まないた)の上の鯉となってドキュメンタリーを撮られる日が来るなんて、一体誰が想像しただろうか。

人生とは、本当に何が起きるかわからない。夢ならば永遠に醒めるな、と思った。

だけど、2020年夏に公開のはずだった本作品が、コロナ禍により延期が決まった。一度目の緊急事態宣言の頃に、「いつ上映できるかわからない」とプロデューサーに言われた。白紙に戻ったと。やっぱり夢だったんや、そうやった。僕はクラスでいちばん運が悪い男だと学生時代、よく友人にからかわれていた……。

だからこの原稿を書いている二度目の緊急事態宣言下の今も、ひょっとしたら上映できないんじゃないか、と少し弱気になっている僕がいる。

でも、この映画は、世界中をCOVID-19(けったいなウイルス)が襲った「今だから」「今こそ」観てほしい。

『痛くない死に方』のポスター、柄本佑さんの写真が象徴しているように、この映画のもう一つのテーマは、「触れる」であると、僕は考えている。

医療とは往診である。そして、お看取りとは、触れることである。

もしもう一度、この映画を観る機会があったなら（もしくはこれから観る人も）、作品の中に、死にゆく人に触れるシーンが、どれくらいあるか心の中で数えてみてほしい。

僕は、お看取りの際に必ずご家族に向って、「身体にたくさん触ってあげてくださいね。もちろん、抱きしめてあげてもいいですよ」と伝える。初めて死を目の当たりにする小さな子どもも、最初はおそるおそるだがすぐに恐怖が和らぎ、一生懸命触ってくれる。呼吸がなくなり、脈がなくなり、全身の細胞の動きが止まり、でもまだほんのり温かい、今、この世から出て行こうとする人へ私たちは手のひらから、指先から、体温を通して伝えられることがある。

かつて自分をたくさん抱きしめてくれた人を、全身で抱きしめ返す最後の時間。

そう、「痛くない死に方」は、誰かに触れていてもらうことも大切な要素である。

だけど……。そんな大切な、「触れる」という儀式が、コロナによって奪われた。

ふだん何気なくやっていたことが、どれほど尊い行為だったのか。この2本の映画を観返すたび、やるせない気持ちでいっぱいだ。

10年後、20年後、100年後。この2本の映画を観た未来の人が、「昔は医者が患者に素手で触っていたとは!」とか、「死んだ家族を、皆でたくさん触って送っていたなんて、のどかな時代だったんだねえ」なんて驚くような時代がやって来ないことを、ただただ祈るばかりである。

大切な人と、いつお別れが来るかはわからない。だから、この映画の心に触れて、そして、元気なうちに、大好きな人といっぱい触れ合ってください。

最後になりましたが、この映画に携わってくれたすべての人、そして本書に素晴らしいエッセイを寄せてくださった重松清さん、応援コメントを書いてくださった内田也哉子さん、田村淳さんに心より感謝を申し上げます。ここまで生きていて、本当によかった。

2021年　阪神・淡路大震災から26年目の夜に

映画『痛くない死に方』にご協賛いただいた皆様

（団体様／個人様 それぞれあいうえお順）

飛鳥美人会 代表 輿津澄子
あまこう支援研究所 峯通子
医療法人 おひさま会
医療法人 白髭内科医院
医療法人 杉山外科医院
医療法人 清和会 長田病院
医療法人 矢津内科消化器科クリニック
医療法人 和仁会 東福岡和仁会病院
医療法人社団 在和会 立川在宅ケアクリニック
医療法人社団ユニメディコ
大谷クリニック 宮脇真理子
cafe Canaan 佐々木
株式会社カイン
株式会社川商
株式会社川商アシスト
株式会社中山書店
株式会社フリーステーション
株式会社メロディ
クレドL.O. 梅津
幸せになるもみほぐし みどりかわ
社）明倫福祉会 ぽー愛愛しや
白十字訪問看護ステーション 秋山正子
親切ゲーム／上田有紀
進藤医院　進藤幸雄
葬送空間はるか
たなかホームケアクリニック
田畑健康食品（株）
中央病理診断科クリニック 日本橋本院
つどい場さくらちゃん 丸尾多重子
ひかる訪問介護リハビリステーション
訪問看護・ケアプランサポート はみんぐ
ほこた塾
屋久島地杉生産LLP
ゆい訪問看護ステーション
リンクハート株式会社

網屋修博
飯島恵子@ゆいの里
池田京子
池西弘美
池之内英子
池之内勝也
池之内祐美
石丸良恵
井上貴美子
井上律子
大谷佳子
大場徳人
小畑清子
加藤佳子
勝っちゃん&さっちゃん
神野一子
川邉鈴子
木下美智子
黒田幸裕
小林幸実
小松はるよ
最相葉月
境 弥生
竹内久恵
武田啓一
田坂友里
田中良輝
丹治友恵
冨山士郎
中野 武
中村康生
長澤栄子
長澤智子
長澤日登美
長澤靖子
福沢ひろみ
増田典子
丸尾光代
丸山奈穂子
ヤスマサケイゴ
山口 裕
山崎ハコ
若井香代子

第23回
上海国際映画祭
正式招待作品
人間を好きになれ
監督・脚本：高橋伴明
原作：長尾和宏「痛い在宅医」「痛くない死に方」（ブックマン社）
在宅医と患者と家族の物語
痛くない死に方
柄本佑
坂井真紀　余　貴美子
大谷直子　宇崎竜童　奥田瑛二
大西信満　大西礼芳　下元史朗　藤本泉　梅舟惟永　諏訪太朗
田中美奈子　真木順子　亜湖　長尾和宏　田村泰二郎
東山明美　安部智凛　石山雄大　幕雄仁　長澤智子　鈴木秀人
製作：長尾和宏／内槻　朗／人見剛史／小林未生和／田中幹男
プロデューサー：見留多佳城／神崎　良／小林良二
アソシエイトプロデューサー：鈴木祐介／角田　陸
企画協力：小宮亜里　音楽：吉川忠英　撮影・照明：今井哲郎
美術：丸尾知行　録音：西條博介　編集：鈴木　歓
助監督：毛利安孝　制作担当：植野　亮　衣裳：青木　茂
ヘアーメイク：結城春香　医療協力：遠矢純一郎／井尾和雄
制作：G・カンパニー　配給・宣伝：渋谷プロダクション
製作：「痛くない死に方」製作委員会
2019／JAPAN／5.1ch／DCP／112min
http://itakunaishinikata.com/

監督助手／野本史生　伊藤 祥　　撮影助手／高橋基史　松島 翼
録音助手／村中紗輝　ジェ・シィンクリフ　西垣聡美
装飾／藤田 徹　　小道具／山下紗季　　ヘアメイク／結城春香　田口 舞
衣裳／青木 茂　　衣裳助手／濱田 圭

医療監修／長尾和宏　井尾和雄
医療協力／遠矢純一郎　安部雄大　五島早苗

宣伝／登山里紗　　関西宣伝担当／松井寛子

撮影協力／若木の家　一般社団法人江戸消防記念会 第十区　日野映像支援隊　日野産業
善生寺　星谷昌子　山口靖子　大貫 格　七生の飲み処 さくら　佐野市
佐野フィルムコミッション　東映東京撮影所　国立メディカルセンター

協力／長尾クリニック　乾まゆみ　今井撮影事務所　桜新町アーバンクリニック
おふぃす風まかせ　ジョイアート　立川在宅ケアクリニック
スノビッシュ・プロダクツ　シネマサウンドワークス　安部医院
スピリッツ・プロジェクト　東京衣裳　三交社　ビデオフォーカス
金魚事務所　カースタントTA·KA　東京放射線クリニック　MTO
MOAB STAR　プレイスプロダクション　サンレイ　長澤孝尚

ホームページ制作／藤野訓秀　　宣伝美術／菊池 仁　　スチール／小野佑介
ドキュメンタリー／佐藤慶紀　成井秀明　　車輛／佐藤啓之
制作主任／大村美央 菅野宏太　　制作進行／松本知也　滝嶌沙希
制作デスク／藤巻亜矢子　　プロデューサー応援／佐久間敏則　　制作管理／加々見 剛

「痛くない死に方」製作委員会／長尾和宏　G・カンパニー　ライツキューブ
渋谷プロダクション　ブックマン社

制作プロダクション／G・カンパニー
配給·宣伝／渋谷プロダクション

監督・脚本／高橋伴明

『痛くない死に方』

出演／柄本 佑

坂井真紀

下元史朗

大西信満　大西礼芳　田中美奈子
藤本 泉　梅舟惟永　諏訪太朗

田村泰二郎　石山雄大　長尾和宏　亜湖
東山明美　真木順子　河内 浩　齋藤隆介　内山澄子
安部智凛　幕 雄仁　長澤智子　鈴木秀人　芳野友美
高橋K太　本田璃佳　北原杏樹　有山実俊

余 貴美子

大谷直子

宇崎竜童

奥田瑛二

製作／長尾和宏　内槻 朗　人見剛史　小林未生和　田中幹男
プロデューサー／見留多佳城　神崎 良　小林良二
アソシエイトプロデューサー／鈴木祐介　角田 陸　　企画協力／小宮亜里
原作／長尾和宏 『痛くない死に方』『痛い在宅医』（ブックマン社・刊）
音楽／吉川忠英　　撮影·照明／今井哲郎　　美術／丸尾知行
録音／西條博介　　編集／鈴木 歓　　VFXスーパーバイザー／立石 勝
助監督／毛利安孝　　制作担当／植野亮

海外セールス／髙橋勇太　宣伝美術／菊地 仁　ホームページ作成／藤野訓秀

ＤＣＰマスタリング／西山秀明　プロデューサー補／佐久間敏則

制作デスク／藤巻亜矢子　制作管理／加々見 剛

「けったいな町医者」製作委員会／

ライツキューブ　Ｇ・カンパニー　渋谷プロダクション　北の丸プロダクション

制作プロダクション／Ｇ・カンパニー

配給・宣伝／渋谷プロダクション

監督・撮影・編集／毛利安孝

『けったいな町医者』

登場者／長尾和宏　加藤忠相　不二子さん　長尾クリニックスタッフの方々
記録·公開を御許可いただいた患者様とご家族の皆様　尼崎の街の皆様

ナレーション／柄本 佑

製作／人見剛史　内槻朗　小林未生和

エグゼクティブプロデューサー／鈴木祐介　見留多佳城

企画／小林良二　　企画協力／小宮亜里

プロデューサー／角田 陸　神崎 良

音楽／鷹尾まさき

EED／佐藤利史　　MA／河野弘貴

撮影協力·ポスター撮影／国見祐治

協力／おふぃす風まかせ　MOAB STAR　スノビッシュ・プロダクツ
手駒銘茶センター　ビデオフォーカス
公益財団法人 日本尊厳死協会
尼崎三和商店街　尼崎市 中央商店街
お泊りデイサービス「いろえんぴつ」　RUN伴（とも）兵庫の皆様
ラジオ関西　日本財団在宅看護センター
毛利幸雄　毛利育代
長尾クリニック　長尾クリニックの患者様とご家族様

使用楽曲／「ひとりぼっちのエール」作詞：須藤 晃　作曲：玉置浩二　編曲：安全地帯
Licensed by USM JAPAN, A UNIVERSALMUSIC COMPANY
「舟唄」作詞：阿久 悠　作曲：浜 圭介　編曲：竜崎孝路
「ジングルベル」作曲：Pierpont, John S
「きよしこの夜」作曲：Franz Xaver Gruber

宣伝担当／登山里紗　関西地方宣伝担当／松井寛子

映画「痛くない死に方」読本

2021年2月16日　初版第一刷発行

著者　「痛くない死に方」製作委員会

ブックデザイン　秋吉あきら

編集　下村千秋　黒澤麻子　小宮亜里
営業　石川達也

協力　国見祐治　久保純一
公益財団法人日本尊厳死協会

発行者　田中幹男
発行所　株式会社ブックマン社 http:// www.bookman.co.jp
〒101-0065　千代田区西神田3-3-5
TEL 03-3237-7777　FAX 03-5226-9599

ISBN 978-4-89308-941-0

印刷・製本　図書印刷株式会社

定価はカバーに表示してあります。乱丁・落丁本はお取替えいたします。
本書の一部あるいは全部を無断で複写複製及び転載することは、
法律で認められた場合を除き著作権の侵害となります。

©「痛くない死に方」製作委員会　2021